浪漫的星空美麗的哀愁

吉普賽的智慧

黎瑞剛　著

前言 FOREWORD

浪漫的星空美麗的哀愁

黎瑞剛

> 一群茨岡人有說有笑，
> 在比薩拉比亞到處流浪。
> 他們搭起破爛的帳篷，
> 今天過夜就在小河旁。
> 多自由自在，在露天底下，
> 宿夜既快樂，睡夢也安詳。
> ……

　　這是偉大的俄羅斯詩人普希金的敘事長詩《茨岡》中的詩句。俄羅斯人所說的茨岡人，就是吉普賽人。他們還有許多其他稱呼，如波希米亞人、羅姆人等。

　　這是一個生活在傳聞、小說、詩歌、音樂和人們想像之中的民族。多少世紀以來，人們帶著世代相襲的偏見來認識這個流離失所的民族，誤解和歧視像濃重的陰雲般遮蔽了他們瑩瑩閃爍的智慧光華；正如意大利學者G‧卡貝切拉特羅所說的：「我們已經用一種輕便的、逃避民俗學的線，一種荒謬而帶有偏見的線，和那麼多無根據之幻想的線，彌縫了這個民族的歷史。」

　　吉普賽人的身世和智慧一直湮沒在種族偏見的塵埃之中，

就連吉普賽人自己也混沌無知。然而，正是這樣一個「自我失落」的民族，卻對自身的存在意義擁有獨特的體察：「我們是同一個血統，我們有同一種眼睛，有完全一樣的思想、一樣的習俗和一樣的運氣。」在外族文化圍剿、全盤同化的懷柔政策下，在民族主義分子殘酷剝削、血腥屠戮的高壓政策下，吉普賽人用生命捍衛著民族血脈的純淨、獨立和統一，用汗水、眼淚和鮮血守護著民族文化和智慧的最後一片聖潔的領地。

在人類文明日新月異的今天，吉普賽人和他們的生活方式宛如古老的化石，幽幽地散發出懷舊的浪漫情懷。世界上也許找不出第二個民族像他們這樣頑固地堅守著傳統的餘暉。然而，生活在外族社會的邊緣和夾縫之中，他們又是開放的一族，永恆變動的一族。開放、變革與超越是吉普賽人智慧寶庫中最為絢麗的光環。面對險惡的自然環境和人文環境，頑強的適應能力和生存能力使這個弱小的民族像飄零的種子一般，雖然沒有溫室，但是一旦接觸到大地的熱力，便能迅速紮根、萌芽、成長、繁衍。

吉普賽民族是一個充滿矛盾的民族。他們的智慧是傳統與未來、保守與開放、靜與動的奇妙組合。在他們身上，光明與陰暗、善良與罪孽、智慧與欺詐、美與醜開放出令人困惑的並蒂蓮。他們獨特的道德規範常常使外族社會公認的道德信條失去評判的立足點。在他們自足的世界裡，生存的需求是高於一切的，越軌和反常的行為在這個龐大的主題之下會被賦予某種合理和必然的色彩。這是一種苦澀、灰色的智慧。

吉普賽人的智慧是貫穿於他們的生活方式和生存方式之中的。長期以來，他們的文化傳播和傳承是以口語為媒介的，直到近百年才出現自己的文字，因此，他們無法像其他民族那樣貢獻出洋洋灑灑的智慧文庫。對他們而言，生活本身就是一種

智慧。熱愛生活、理解生活，在尋常的生活狀態中創造出生命的異彩，這是生活的藝術。

　　生存的渴望與浪漫像熊熊的聖火，燃遍吉普賽人生命的征程，也像充滿魔力和魅力的磁石，吸引著我們這些好奇的心靈、不安的靈魂。正如威爾伯在《世界史綱》中所言：「文明在歷史上是一件那麼新穎的東西，在大部分的時間裡它又是一件那麼局限於一地的東西，以至於它還得征服和同化我們大部分的本性來適應它的需要。我們中間多數人討厭它的陳詞濫調太繁文褥節，遊牧的素質勃然激發。我們只是半心半意安家守業之人。我們血管裡流著的血液既是在耕地上，也是在草原上釀成的。」

　　無論是東方人，還是西方人，浪漫的激情永遠是生命之中最富於詩意的衝動和動機。無數關於吉普賽人的生花妙筆也許只是我們內心情懷的寄託和補償，是現實生活中無法浪漫起來的我們一種浪漫的想像。

　　在這裡，我要深深感謝顧曉鳴教授。是他的充分信任和熱情指導才使我有機會對這片冷僻的智慧領域作一番初淺的探索和開掘。同時，他對學術創新突破的熱望和激情也一直激勵著我感染著我。感謝趙錦園先生，他的研究成果使我獲益匪淺。感謝我的美國朋友韓天衡（D.K. Hakam）和南斯拉夫朋友普金奇・拉多薩夫（Pusic Radosov），他們在吉普賽音樂方面給予我諸多啟示。舒漢鋒先生、胡勁軍先生、季桂保先生、湯李梁先生在資料收集方面提供了許多幫助，一併致謝。成稿之際，我最感謝劉藝，她的勉勵、關切和幫助一直伴隨著我的寫作始終，這本書裡同樣凝聚著她的心血。

目錄 CONTENTS

前言 FOREWORD   003

Chapter 1　無根的漂泊者   011

　・我是誰？   011
　・吉普賽，命名的智慧   015
　・從哪裡來，到哪裡去   020
　・多姆：羅姆的智慧搖籃   024
　・逃往雅典娜的「印度人」   027
　・「歐洲陰謀」大曝光   031
　・馬背上的歷史與智慧   036

Chapter 2　人在旅途   041

　・大篷車的智慧   041
　・吉普賽人的空間智慧   046
　・回家吧，受傷的心   051
　・形象策劃與自我包裝   055
　・大雜燴與大排檔   059
　・不吃馬肉的民族   061
　・吉普賽人的傳播智慧   063

Chapter 3　凝聚民族的無形網絡　067

　・群族：智慧的搖籃與歸宿　067
　・反腐敗的行政智慧　072
　・女性智慧與「女權主義」　076
　・「弗里達依」的家政智慧　080
　・拒絕人治的司法智慧　084
　・面對遺產的實用智慧　089
　・尋找天堂之路　094
　・天下一家：神聖的召喚和渴望　096

Chapter 4　市場導向：吉普賽經濟的奧祕　101

　・吉普賽人不相信「鐵飯碗」　101
　・「跳槽」：生存的抉擇　105
　・市場：一隻看不見的巨手　109
　・歐洲大陸的老鐵匠　112
　・不用魚鈎的吉普賽「釣」術　115
　・高智商打獵　117
　・吉普賽拳王　120
　・壟斷歐洲：衣夾工匠的智慧　123

Chapter 5　浪漫的智慧花蕊　129

　・忠貞：燃燒一生的聖火　129
　・「麥里姆」：捍衛生命的淨土　132
　・與異族通婚的禁忌　135

・把情感收藏起來 137
・放你的真心在我的手心 140
・禁忌：愚昧抑或智慧 145

Chapter 6　歌舞人生 149
・音樂：永恆的信仰 149
・跟著「感覺」走 153
・流動的民歌作坊 156
・琴弦上的智慧 161
・用心靈歌舞的人 164

Chapter 7　詩化人生 169
・吉普賽「侃爺」 169
・人間悖論 173
・羅姆語：寬容的智慧 177
・田野教育 181

Chapter 8　宗教夾縫裡的智慧 185
・吉普賽人的原罪與自省 185
・萬神皆備於我 189
・聖瑪麗節：智慧的巡禮 194

Chapter 9　灰色的智慧 197
・占卜：十四條軍規 197

・相命：打開心房的鑰匙 202

・吉普賽的預言者 206

・吉普賽人是小偷嗎？ 210

・吉普賽詐騙術 215

・巫醫：坑蒙拐騙的「智慧」 220

・毒藥：神傳祕方與惡作劇 222

Chapter 10 悲歌與戀曲 227

・陽光下的罪惡 227

・吉普賽智慧的明天 231

・流淚：智慧的戀曲 234

Chapter 1
無根的漂泊者

我是誰？

　　吉普賽，一個交織著浪漫與漂流、美麗與哀愁的名字，一個造物主留給世人的傳奇故事。從多瑙河畔綠茵茵的原野到西班牙格拉納達小城的山間洞穴，從巴黎繁華的街市到俄羅斯廣袤的荒原，從風光秀麗的美洲腹地到海風沐浴的夏威夷群島，人們都會發現這個流浪民族的蹤跡。也許除了猶太人以外，再也沒有一個民族像吉普賽人那樣，如此廣泛地散布於世界各地。他們浪跡天涯，行蹤不定，像飄忽的雲，終日與游移的星辰為伴，像湧流的海浪，周遊一個個陌生的港灣。他們永不停息的腳步穿越著世界版圖縱橫相雜的經緯網絡，也編織著自我人生的自由軌跡。

　　無論在這個星球的哪個角落，吉普賽人永遠是一個卓爾不群的民族。他們穿梭往來於世界各國，卻從不甘願在任何地域永久地居住下去；即使是血腥的強權，也無法遏制他們對於流浪生活的渴望。他們頻繁而廣泛地與世界各民族相接觸，深受

所在國民族文化的影響，又絕不會因為這種開放的文化交流而導致自我的異化和同化。面對一個充滿著誤解、偏見與敵視的外部社會，他們頑強而成功地傳遞著民族文化的菁華，勇敢捍衛著民族血脈星星點點的生命火花。他們是世界民族大家庭中一個弱小的群體，但在浩淼的歷史中，他們卻無愧為民族文化競爭中的強者和智者。

在大多數現代人的眼裡，吉普賽人也許只是文學巨匠生花妙筆之下的一群藝術形象。然而，誰能讀懂這片浪漫風景背後的災難歲月，誰能看破吉普賽人漫漫旅途的起點和起因。滄桑的歷史在悲喜交作中走過五千年的歷程，卻沒能給這個智慧的民族留下哪怕一千年的文字記載；形形色色的民族在追求幸福的夢幻中走到今天，卻無暇顧及這個同樣不屈的民族所歷經的坎坷光陰。也許正如一位浪跡英國的吉普賽人查利・史密斯所說：「只有聖明的上帝才知道我們來自何方，而他又是那樣虛無縹緲，以至於無法將真相告訴世上的人們。」

整個世界對吉普賽人的歷史知之甚少，甚至連他們自己，對過去的一切也一知半解。同樣是漂泊八方的民族，我們洞悉猶太人早期的輝煌歷史，而我們現今所知的較為完整的吉普賽歷史僅僅是從十五世紀開始的，在這之前的漫漫史實則消逝在缺乏文字記載的臆測之中。

「吉普賽人」這一稱呼本身就是一個巨大的歷史錯誤，恰恰反映了外部社會對這一特殊群體的無知。英語「吉普賽人」（Gypsy或Gypsies）一詞是從「埃及人」（Egyptian）一詞演變而來的。十五世紀初，當吉普賽人首次出現在法國和英國時，他們自稱來自地中海彼岸的埃及，而西歐人也普遍覺得，這些膚色黝黑的異鄉人確實形似埃及人，於是就把他們當作地

地道道的埃及人，「吉普賽人」這一名稱也就以訛傳訛地流傳了數百年，成為世界上大多數民族對他們的稱呼。事實上，吉普賽人與建造金字塔的北非民族並無任何血緣上的瓜葛。考古學家論證，也許只是有一支吉普賽部落集團曾經由西奈半島進入埃及，繼而踏上南歐和西歐的土地而已。

　　一個出身不明的民族是容易遭到外族同化的，因為地理概念是原始文化構成的基本因素。地域的屏障將古代的世界文化分割成一個個獨立的單元，民族文化的孕育和成熟始終與地理因素存在著密切的耦合關係，地域概念往往成為人種和文化的標識。很難想像一個失去地域標識的民族文化能夠在世界文化的碰撞中長久地維持下去。猶太人雖曾一度喪失家園，流離失所，但是他們畢竟知道自己民族文化的誕生地，那片古代先知們曾經奔走吶喊的土地對猶太後裔有著強大的向心力和號召力，對鬆散的猶太文化亦有著強烈的內在凝聚力；以色列的建國在一定程度上便與這種文化因素不無關係。相反，吉普賽人的處境顯然不同，在數百年的流浪生涯中，民族文化的源頭已漸漸被旅途的風塵所遮擋，被疲倦的旅人所淡忘。這是一個奇特的文化現象，忘卻故土、喪失地域標識的吉普賽人卻依然綿延不斷地傳遞著民族的生命活力，這一文化悖論蘊涵著吉普賽人生存的智慧。

　　吉普賽人抵達歐洲的時候正值中世紀，血緣、門第、等級等一系列封建制度盛行不衰。強有力的身分証明無疑將為民族生存提供保障，於是，吉普賽人就自行創造民族的地域標識，在一個講究「出身」的封建社會尋找立錐之地。在西歐人的視野中，埃及便成了吉普賽人的正宗出身。

　　匈牙利的吉普賽部落至今流傳著這樣一個古老的傳說：據說，吉普賽人的祖先是埃及的法老。當時，吉普賽人與猶太人

一起生活在尼羅河兩岸。而猶太人卻一心想離開埃及，法老也樂於讓他們遠走高飛。但任性的上帝為炫耀自己創造各種奇蹟的非凡才能，故意使法老的心忽然變得冷酷異常，不讓猶太人走出埃及。

最後，還是吉普賽人出面，對法老拍胸脯：「放猶太人走吧！沒有他們，我們照樣能對付下去！」於是，猶太人便開始籌劃舉族遷徙。這時上帝又給他們一個啟示：「黃金、白銀，所有到手的東西全都拿走！」這樣法老的全部財寶被猶太人席捲一空。

有趣的是，猶太部族在遠方的地平線上消失之後，上帝回頭又幸災樂禍地去找法老，責備他不該稀里糊塗地讓自己變得一貧如洗。法老不知內情，頓時火冒三丈：「他們把我偷了個精光！天殺的！讓他們一個個都去餵魚蝦！」他迅速集合軍隊，自己也騎上戰馬，又把吉普賽人安頓在後面的大批四輪馬車上，準備一同追趕猶太人。

吉普賽人看出個中玄機，就力勸法老：「不要白費力氣了。上帝跟猶太人一條心。誰同上帝好，誰就總有理；再說，也總該留個人在家裡照看爐火。」可是，惱羞成怒的法老全然不顧，拉起吉普賽人，就往東邊策馬直追。

吉普賽人預言的不幸事件終於發生了。當法老部隊趕到海岸時，猶大人已經走到紅海中了。他們的首領莫伊謝（摩西）提起一根小樹枝，抽了抽海面，海水就讓出一條路，讓猶太人從海底走過去，連腳都沒沾濕。當法老和追兵尾隨而至海底時，猶太人已安然登上彼岸。只見莫伊謝又用那根樹枝輕拂海面，海水頃刻間洶湧而來，無情地吞沒法老和全體官兵。

吉普賽人本想站在岸邊，驕傲地看著法老把猶太人打個落花流水，卻不想目睹了這一悲慘的景象。無奈，他們只得返身

回家，希望再選一個新法老，重新開始生活。但是，上帝並沒有忘記他們。

「我還能創造一個更偉大的奇蹟。」上帝一邊自言自語，一邊就刮起瘋狂的龍捲風。於是，吉普賽人的車馬被吹得七零八落。當他們從噩夢中清醒過來時，簡直不敢相信自己的眼睛。吉普賽的兄弟姐妹們都到哪兒去了呢？原來，他們被狂風捲到世界的每一個角落，東西南北，無所不在。從此，吉普賽人便生活在各個國家裡了。

這個描述上帝惡作劇的民間故事在吉普賽人中間流傳甚廣。吉普賽老人在講述的過程中，總喜歡不時強調這個故事是從神父那裡聽來的，是在教堂裡反覆宣講的，彷彿希冀據此証明故事的權威性。吉普賽人創造傳說故事為自己的出身正名，為浪漫的歐陸旅行提供永久通行的「綠卡」。

對於隨遇而安的吉普賽人而言，真正的起源地也許一時並不重要，因為沒有迫切性，關鍵是能為現實的生存找到賴以支撐的實用的民族地域標識。吉普賽人採用民間故事這一正名方式的意義是深遠的。隨著歲月流逝，故事的編造者逐漸演化成故事的崇拜者。一方面，外部社會據此認可吉普賽人的身分，也就確認了這一獨立的文化群落；另一方面，吉普賽人自己也迷信於故事內涵，認定這一虛構的文化背景，從而在民族內部形成一種統一的歸屬感。

吉普賽：命名的智慧

多少年來，吉普賽人的出身和稱呼，始終處於一種混沌狀

態，他們像一陣莫名的微風，悄悄地來，又悄悄地去，給似曾相識的大地，留下一片天籟交響的回憶。他們從不忌諱別人賦予他們形形色色的稱呼，但他們拒絕所在國的異族善意或惡意地將自己的名號套在他們頭上，因為他們不願讓自己純粹的聲音淹沒在異族的喧囂之中。

「吉普賽人」並不是他們唯一的稱呼，只是因為英語國家在世界文化格局中具有強大的輻射力，以致於這一命名也成為最通行的說法。事實上，許多國家和地區都給予這群流浪的人們以不同的稱呼；據不完全的統計，這類稱呼多達三、四十種。吉普賽人也許是世界上擁有名字最多的民族了。這些類同或迥異的稱謂是吉普賽人走遍千山萬水的串串腳印，是一次次文化摩擦和交融留在他們身上的烙印。

「埃及人」的傳說在西南歐洲頗有市場。法國和比利時稱之為吉普辛（Gyptien）、荷蘭的吉普汀尼（Gyptenaer）、西班牙的吉坦努（Gitano）都源於埃及人一詞。

吉普賽人的另一類稱呼也帶有特定的地域標識。例如，在西班牙，他們被稱作希臘人（Greeks）、波希米亞人（Bohemians）、日耳曼人（Germans）、佛蘭芒人（Flemings）、新卡斯蒂恩人（New Castilians）等；在法國，他們被稱作波希米亞人、撒拉遜人（Saracens）、卡斯克羅特人（Cascarrots）、畢凱恩人（Biscayans）等；在荷蘭，他們也被稱作希臘人、希登人（Heidens）等；在斯堪的那維亞半島，他們經常被稱作韃靼人（Tartars）、摩爾人（Moors）等；在波蘭，他們曾被稱作扎拉西人（Szalassi）、斐利斯蒂尼人（Philistines）等。中世紀前後的作家還把他們稱為努比伊人（Nubians）、伊休庇人（Ethiopians）、阿賽瑞恩人（Assyrians）、尤克希人（Uxil）或賽利斯人（Cilices）。

上述名字都直接源於吉普賽人曾經流浪過的國家和地區的名稱，每至一地，該地域的人們就用吉普賽人旅程前一站的地名來定義他們。在吉普賽人看來，這種不斷變幻的民族稱謂實際上構成了文化獨立的護身符。

　　除此之外，今日中東和歐洲還廣泛使用著一組語焉不詳的稱謂系列，典型說法是在東歐和原蘇聯名聞遐邇的「茨岡」（Zigani）。其他相近的說法諸如：義大利科孚島的Acingani、土耳其的Tchinghiane、敘利亞的Jinganih、匈牙利的Czigani、波蘭的Cygani、葡萄牙的Ciganos、法國的Tsiganes、德國的Zigeuner、義大利的Zingari、西班牙的Zincari等。

　　總而言之，吉普賽人、波希米亞人、茨岡人這三種稱呼最為流行，最被廣泛使用的稱謂。

　　語詞往往具有神奇的魔力。這些五花八門的稱呼雖說是牽強附會，純屬無稽之談，但是，一旦作為一種文化「標籤」來限定一個群落，就逐漸成為抵禦同化的堅硬盔甲。吉普賽人長期在名稱模糊不定的狀況下生存，卻成功地延續著種族的純粹和穩定。與世界上大多數民族迥乎不同，吉普賽人並沒有形成本族稱謂與本質的和諧統一，而是將這兩個層面分割開來：內在本質是恆固的，外在稱謂則是善變的。這裡的關鍵在於稱謂標籤的變更並不是源於文化內部的嬗變，而只是外界社會的一種簡單賦予，或者是自我謀生的功利手段；而且這種善變本身只是為了與異族文化以示區別，為了強化內在本質的穩定性。因此，吉普賽人的成功恰恰在於利用這兩個層面的矛盾，並最終消融了矛盾。

　　浪跡於世界民族之林，吉普賽人的外形是易於辨認的。歷史上曾有不少人從體質人類學的角度對吉普賽人進行考察。這群流浪的人們雖然在個體上存在著膚色、毛髮、眼睛等種種差

異，但求大同，存小異，其基本特徵卻是一致的。

　　十九世紀末，匈牙利人威斯伯克調查了一個兵團中的五十二名吉普賽人，發現其中褐色皮膚的占十八人，淺褐色的八人，近褐色的二十人，近黃色的六人；也就是說，絕大多數吉普賽人膚色黝黑。同時，頭髮黑色的占卅三人，深褐色的十六人，褐色的三人；深褐色眼睛的占廿八人，褐色的十五人，淺褐色的五人，灰褐色的二人，灰色的二人。可見，吉普賽人的膚色、毛髮、眼睛等體質特徵都傾向於棕黑色。瑞士人尤金·皮塔德也在一次大型實証調查中得出相似的結論：在一千二百七十名接受調查的吉普賽人中間，男性八百四十人，女性四百三十人，其中 94％的男性和 88％的女性擁有黑色或棕色的頭髮，86.6％的男性和 87.9％的女性擁有棕黑色眼睛，灰色或藍色眼睛極其少見。

　　然而，白膚金髮碧眼的特例也屢見不鮮。歐洲文學作品中的吉普賽女郎大多是典型白色人種的美女形象；這並非出於迎合西方審美趣味的目的，不少人類學考察材料都証實了這種現象。威斯伯克最終作出了一系列咬文嚼字的結論——

　　　　吉普賽人，身高、體重、體形皆屬中等；中頭型的腦袋顯然偏小，並且從上至下漸次收縮；短而粗壯的脖子置於錐形的身軀之上；手臂頗短，尤其上臂又細又短；兩腿甚長，大大超過手臂的長度。❶

　　在頭骨學方面，皮塔德不同意威斯伯克的中頭型結論，他

---

❶　《宗教與倫理大辭典》第六卷，紐約，英文版，一九八〇年，第四五八～四五九頁。

的一千二百七十個樣本顯示，71.19％的吉普賽人屬於長頭型。皮塔德補充指出，巴爾幹半島的吉普賽人大多擁有類似於鷹鉤鼻的挺直鼻樑；而調查統計進一步表明，吉普賽男子平均身高為一‧六四九米，女子為一‧五三二米。

近代以來，吉普賽人頗受一群群好奇的歐洲學者關注。他們希望通過數據、標準、模型等一系列理性工具來把握這個散發著神祕氣息的奇異群體。然而，他們始終發現，吉普賽人的現實狀態總是不斷脹破他們既定的理論框架。吉普賽人不是凝固的法則，而是一種活的智慧；任何僵化的定義對於他們，只是一件件可以脫換的華麗衣裳。這個民族具有一種在表層「紋花」永恆變動的情況下，保持自我文化恆定的非凡能力，具有一種「以不變應萬變」的出色心理素質。

儘管異族人給予吉普賽人如此繁多的稱呼，但是，在吉普賽人中間，他們只是簡單地自稱為「羅姆」（Rom），意思是「人」。這個稱呼並不帶有任何地域標識的意義。他們不想用某一限定的地域來規範自我，來禁錮一顆顆遠飛的心。因為他們自以為是屬於整個世界的；漫長的旅行無始無終，每一次短暫的逗留只是為了醞釀更遙遠的遷徙，而不是致力於形成狹隘的地域文化。他們並不想炫耀昔日的背景，而是把關注的焦點投向現實流動的「人」。但另一方面，他們又對外宣稱自己來自埃及或者波希米亞，把某些地域標識自覺地「紋」在身上。這表現出吉普賽人生活的矛盾狀態。這種矛盾是智慧的吉普賽人自己創造的。事實上，承認「羅姆」，代表著一種生存態度，或稱價值觀念，而承認「埃及人」則是一種生存手段。在險惡的生存困境之中，求生手段的多樣性本身就是一種智謀。

吉普賽人在自我稱謂上用全稱替代特指，這在全世界是獨一無二的，也顯示出這個流浪民族巨大的兼容性，特定的文化

標籤與之組合，都能煥發出全新的意義。因此，在吉普賽的世界裡，「羅姆」不是抽象、孤立的「人」，而是具體的謀生者，是在一定社會壓力下尋找身心平衡的人群。這是顛沛流離的吉普賽人真正關切的所在。

從哪裡來，到哪裡去

吉普賽人的智慧究竟來自何方？

數百年的歷史宛如滾滾風塵，掠過吉普賽人迤邐前行的大篷車隊，遮擋了世人瞭望的視線。五花八門的記載、傳聞和猜度都期望揭開這個未知的世界，然而卻在不知不覺之中交雜成一種令人困頓的氛圍，給這個奇異的民族憑添了一層神祕的面紗。

難道吉普賽人的身世就永遠消逝在歷史的混沌之中嗎？各國學者苦苦探尋著。

一七六三年一個平常的日子對吉普賽人來說卻是不同尋常的。研究神學的匈牙利學生斯特芬‧瓦雷在小城列登偶然結識了三位來自印度馬拉巴的學生。閑談中，瓦雷驚奇地發現，他們的語言與匈牙利吉普賽人的語言存在著驚人的相似之處。他立刻整理了一張包含一千個馬拉巴語單詞的詞彙表，讀給當地的吉普賽人聽，結果發現他們居然能譯出中間的大部分。

一道曙光霎時照亮了吉普賽人身後雲煙氤氳的歷史風景。這一重大發現激起德國學者克利斯多夫‧魯迪格、莫利茲‧格雷爾曼和英國學者雅各布‧布賴恩的濃厚興趣。他們三個人都是著名的語言學家。

在隨後的十多年裡，他們各自對吉普賽方言和古印度語進

行了細緻的比較研究，幾乎同時作出結論：歐洲吉普賽人的語言來自印度次大陸。從而使瓦雷的發現廣為人知。

這一結論得到了眾多學者的點頭同意。歐洲各國的語言學家，如穆勒（Müller）、亞歷山大·帕斯帕蒂（Alexander Paspati）、密克羅斯克（Miklosich）、威斯羅基（Weislocki）、馮·梭瓦（von Sowa）、考波尼基（Kopernicki）等人不斷提出強有力的論據。

一八四四年，德國學者弗利德里克·波特（Friedrich Pott）陸續出版了兩卷本的巨作《歐亞吉普賽語》。不久，英國梵語學者約翰·比姆斯（John Beames）也出版了三卷本的著作《印度現代雅利安語比較語法》，系統地論述了吉普賽方言與梵文、印地語的同構性。美國學者桑普遜（Sampson）採用方言學野外調查的實証方法，全面整理了威尼斯城的吉普賽人方言，對其中含有的外來語詞彙進行統計，發現義大利語詞彙卅六個、英語詞彙一百五十個，來自波斯至威尼斯之間地區的各種語言詞彙共有四百三十個，而源於印地語的詞彙竟多達五百十八個，從而推斷印度語是吉普賽語孕育的母胎。

研究表明，各地吉普賽人的方言元音和輔音體系顯然都源於印度梵語，發音和拼寫規則也大體類似。比如，數字的讀寫就顯示了這種相似關係：1（yek）、2（dui）、3（trin）、4（shtár）、5（pantch）、6（shōv）、7（efta）、8（okhto）、9（enia）、10（desh）。又如，吉普賽語「飢餓」（bokh）一詞源於印地語的bhúkh，「頭髮」（bāl）一詞源於梵文bala，「行走」的過去分詞gelo源於孟加拉語的goelo，「血液」（rat）一詞源於印度北方的土語ratta，其他一些詞彙像「水」（pani）、「黑色」（kalo）、「刀」（churi）、「女王」（rāni）、「鼻子」（nak）等都同樣可以

找到對應的印度語源。不僅詞彙相通，而且兩者的語法也非常接近。吉普賽語的直接敘述規則源於梵文的主格和賓格規則，間接敘述規則源於所有格規則，並且可以按照各種句法要求，像印地語和孟加拉語一樣地添加多種後綴。

另外，吉普賽語的動詞系統同樣擁有三種人稱、單複數、五種時態（現在時、未完成過去時、完成時、過去完成時、將來時）和三種語態。例如，「走，看看誰在敲門」這個語句，吉普賽語表述為「Já,dik kon chalavéla o vadár」，印度斯坦語表述為「Já,dekh kon chaláya dvár ko」，儘管兩者存在一些不同之處，但相互間的親緣關係是顯而易見的。

語言學家的縝密操作和豐碩成果觸動了人類學家敏感的神經。他們從體質人類學的角度羅列了一系列說服力極強的論據。他們發現，吉普賽人的褐色肌膚、黑色大眼睛、棕黑色頭髮，以及頭型、血液等指標都非常接近印度人種。吉普賽人和土生土長的印度人在外形上確實極其相像，只因吉普賽人初抵歐洲大陸時，迪亞斯、麥哲倫等人尚未開始環球航行，歐洲人還沒有見過真正的印度人，因此無法將兩者聯繫起來。

直到十七、十八世紀，歐洲人開始遠征印度，進行殖民侵略，才恍然發現，德干高原上的古老民族與遠離故土流浪的吉普賽人竟酷似孿生兄弟。英國學者休‧米勒（Hugh Miller）在目擊報告中如此描述：這些吉普賽人「長著較小的印度種頭顱，但前額相當飽滿。」「婦女們蹲坐在篝火前，兩肘支著膝蓋，雙手托著腮幫子，整個姿勢顯示出一種異國氣度，令我聯想起奇異的埃及和印度雕塑。」❷

---

❷　《宗教和倫理學大辭典》第六卷，紐約，英文版。一九八〇年，第四五九頁。

語言學家和人類學家的理性利劍撥開了籠罩在吉普賽民族之上的層層迷霧，遙遠的歷史像古老的化石般逐漸暴露在燦爛的陽光之下。一種大膽而堅定的推論走向前台：吉普賽人來自印度。

奧地利語言學家弗朗茲・馮・密克羅斯克（Franz von Miklosich）通過方言考証，提出吉普賽人的故鄉位於印度北部的印度庫什平原；英國學者沃納（Woolner）則認為是在印度中部；倫敦大學東方研究院院長、著名的梵語學家拉爾夫・特納（Ralph L. Turner）在一九二七年出版的《印度—雅利安羅姆人區域》一書中提出了吉普賽人雙重故鄉的可能性。

諸如此類的推測不勝枚舉，但卻無法形成統一的權威結論。事實上，語言學家成功地開啟了吉普賽歷史的奧祕之門，卻在這裡誤入歧途。語言是永恆演變的，今天的我們已無從了解數百年前印度某一具體地點的居民所使用的生動方言，又何從確定吉普賽人精確的誕生地呢？況且，如果我們假定當年生活在印度高原的吉普賽人就已經具有四處流浪、四海為家的習俗，而語言學的某些結論已暗示了這一點，那麼，這種苦心揣測不就是徒勞的嗎？

然而，無論如何，語言學家的功績是不可動搖的，因為他們捕捉了吉普賽文化的根本點——語言。吉普賽人流浪世界數百年，分布如此廣潤而零碎，然而，他們仍然能以一個民族的形象出現，一個重要的因素在於他們擁有一種內在統一的語言——羅姆語。因此，抓住這一個切入點，紛亂的歷史便開始得以清晰地梳理。

多姆：羅姆的智慧搖籃

　　學術史上的某些細節是耐人尋味的。語言學家粉墨登場的時候，歷史學家還在天真的幻想中度日；而當語言學家無可奈何的時候，歷史學家便開始躍躍欲試了。

　　一些歷史學家在分析語言學家的成果之後指出，近東的吉普賽人自稱「加托」或「旨托」，與印度旁遮普地區的伽托族名稱相近；德國的吉普賽人自稱「辛德」，與印度河流域的辛迪族名稱相近；托烏爾斯丹的吉普賽人自稱「莫爾丹尼」，與印度河流域的莫爾丹族名稱相近。更重要的是，歐洲吉普賽人最通行的自稱「羅姆」（Rom），美洲吉普賽人的「勞姆」（Lom），敘利亞和波斯吉普賽人的「多姆」（Dom），在梵文中的準確對應是「多馬」（Doma），也就是現代印度語的「多姆人」（Dom），字面意思是「靠歌舞為生的下等人」。這無疑又是一個重大的發現和突破。

　　翻開印度史沈重的卷頁，多姆人的形象吸引著人們的視線。在古代印度，生活著一個分布很廣、眾所周知的民族——多姆族。早在公元四世紀，他們就以熱愛音樂和從事占卜而著稱，他們的悠久文化傳統和奇風異俗頗受關注。多姆族能歌善舞，許多人以此為生。一篇公元六世紀，用梵文寫成的天文學論文曾提及他們，並稱之為干達爾瓦（Gandharva，音樂愛好者）。印度古史學家加爾哈納在《克什米爾大年代記》中也反覆提到這群「音樂天使」。

　　英國近代考古學家、探險家奧列爾斯坦實地考察後証實，大多數多姆人賣藝為生，浪跡江湖，沒有固定職業；其中少數演技高超的優伶甚至深得國王恩寵，可以自由出入宮闈。但這僅僅是個別現象。多姆族長期被印度其他各民族所歧視，不少

人只能受雇從事低賤的職業，如更夫、清道夫、刑場衙役、工匠等苦力。當地各族也拒絕與他們通婚。

史料表明，克什米爾北部的吉爾吉特地區也曾棲息著一個信仰伊斯蘭教的多姆族集團，總共約三百人左右。英國的東方文化學者洛利馬展開個案調查，對他們的語言、文化、習俗及歷史進行了研究，認為這個多姆人群體是在公元二世紀至三世紀從古印度的貝爾契斯坦地區遷徙過去的。他發現，這些客居異鄉的多姆人為了謀求生存，適應各地不同的社會文化和生活環境，大多能熟練地使用兩、三國語言。他們的母語基本上就是印度土語的翻版。

從這些事實和分析中可以看出，古代多姆人與吉普賽人在許多方面存在著契合，古代多姆人也許就是遍布世界的吉普賽人的祖先。還有一點值得強調：多姆人的冶鐵技術在古代印度文明中占據重要地位，而吉普賽人在歐洲也以打鐵聞名，「羅姆」一詞常常直接指代「鐵匠」使用。因此，這裡的默契和對應絕非偶然。

這是一片重新開掘出來的人文景觀。拂去歲月的微塵，智慧依然閃爍著金子般的光澤。然而，苦難的記憶還在代代延續，遠行的衝動還時時激盪著今日多姆人的胸膛。英國學者菲茨杰拉德（Brian Vesey-Fitzgerald）這樣描寫現代印度的多姆人：他們是「生活在貝哈和西北省邦的流浪部落，許多生活習性與吉普賽人一致。他們隨身攜帶破爛不堪的蘆葦帳篷，四處遊蕩，在鄰近部落的地方安營紮寨。一旦他們從村民們身上榨乾了油水，就立刻消失得無影無蹤。有些多姆人會編織籃子、墊子和諸如此類的物品。在達蒂斯頓，多姆族人口眾多，但仍然置身於社會下層，充當樂師、鐵匠和皮革工人。」「他們並

不顯示出擁有何種母語，但是會講所在國的語言。」❸如今，「多姆人」一詞的種族色彩正在淡化，很多場合就是指「流浪匠人」。

研究印度流浪部落的學術權威威廉斯（H. L. Williams）說：「我曾找尋純粹的多姆人，但沒能找到。我相信多姆人僅僅是指職業樂師；這個稱呼是屬於職業性的，適合於任何賤民的部落。」❹這些確鑿的材料顯示，古代羅姆人與吉普賽人之間的傳承關係是毋庸置疑的。

滯留在印度的古羅姆人後裔，今天也被當地人稱為班加拉人，他們的血管裡流淌著與吉普賽人同樣的血液。異國遊客在印度可以發現，車夫是居住在城市或城郊的班加拉人的主要職業，「他們駕駛的三輪車有兩種，一種是機動三輪車，另一種是人力三輪車。人力三輪車儘管很費力氣，但車費卻很便宜。他們從早到晚奔馳在大街小巷，迎送過往旅客，掙一點錢來維持生活。由於人多車少，往往是五個人才能租得到一輛車子。還有少數班加拉人在建築工地當工人，施展他們熟練的建築手藝。」❺

更令人叫絕的是，地理的阻隔和歲月的侵蝕並沒有摧毀這兩個文化群落之間互通的神聖血脈。就在十多年前，印度旁遮普邦的首府羌迪噶爾率辦了一場別開生面的國際吉普賽節，來自世界各地的五十名吉普賽人代表濟濟一堂。奇蹟就此出現

---

❸　布賴恩・凡賽 — 菲茨杰拉德：《英國的吉普賽人》，倫敦，英文版，一九五一年，第九～十頁。

❹　布賴恩・凡賽 — 菲茨杰拉德：《英國的吉普賽人》，倫敦，英文版，一九五一年，第九～十頁。

❺　《今日印度的吉普賽人》，原載《阿拉伯人》，科威特，一九八三年七月，梁國詩譯。

了。席間，歐洲的吉普賽代表嘗試著用羅姆語和印度的班加拉代表交談，結果發現，兩者不僅能互通，而且彼此的語言中還存在著許多共同的表達方式。這是一個超越千年的對話，璀璨的古老文明像初春的冰河般靜靜融化，一縷縷智慧的涓涓細流閃射著靈動的光芒，游向今日寬廣的河床。吉普賽人，流浪的孩子，終於重回父輩生息的故土。

　　古代印度是人類智慧的搖籃。印度河和恆河的週期性氾濫並沒有淹沒文明的生機，反而造就了無數偉大的智者。吉普賽人的祖先便是其中的一員。他們用音樂傾訴著對生存的理解，用流浪的足音叩開智慧的門扉。吉普賽人是印度文明的傳人，他們的生活方式暗含著古代智者的「基因」。從陽光普照的東方高原到河流密布的歐洲大地，從世界的這頭到遙遠的那頭，他們忍受著奔波的艱辛與悲苦，忍受著「文明世界」的凌辱和虐殺，但是，他們傳播著另一個智慧空間的聲音。

逃往雅典娜的「印度人」

　　在暗夜四合的中世紀，給蒙昧的歐洲人帶來一線黎明曙光的是激動人心的地理大發現。然而，環球航海的英雄們卻不曾知道，此時此刻他們正演示著一種歷史的幽默。他們遠航的動機是去尋找傳說中的「黃金之國」──印度，是去尋找智慧的印度人；而真正的印度人已經抵達歐洲──這就是吉普賽人。

　　對多姆人的考証揭開了吉普賽人懸而未決的身世之謎。早在公元四世紀之前，多姆族就已經作為一個獨立的族類居住在印度，最早生活在德干高原，以後逐漸向北方遷移，直至旁遮普邦一帶。可是，這群印度先民又是在何時，懷著何種動機，

悄悄離開這片生息繁衍的熱土呢？

對這兩個「Ｗ」（WHEN與WHAT）的追溯再一次激起學者們探尋吉普賽智慧的熱情。語言學家比姆斯（Beames）和密克羅斯克（Miklosich）分析，各地的吉普賽方言是現代雅利安語的變形，而現代雅利安語又是在公元一千年左右逐漸演變形成的，因此吉普賽人離開印度的時間應該不會早於公元九至十世紀。大多數學者也贊同他們的判斷。

讓我們隨著時光倒流一千年，看看當時的印度舞台正上演著怎樣一幕壯烈的史劇。有一種說法是肯定的，即吉普賽人離鄉背井是出於某種不幸而被迫造成的。二十世紀七○年代末，義大利薩萊爾諾大學教育系教授保羅·阿波羅曾徵集並出版了一本《契萊恩塔內民歌選》，其中收錄了眾多吉普賽民歌，一些作品把這種不幸的漂流描繪成「像耶穌被釘在十字架上一樣嚴重」。至於原因究竟是何等天災人禍，則眾說紛紜。

有一種典型的說法認為，吉普賽人的大規模遷徙是由於阿拉伯人的入侵造成的。根據中世紀阿拉伯和印度的歷史記載，阿拉伯人曾於公元七世紀末葉將勢力範圍擴張到印度河流域，並征服了北印度地區。但是他們在這一領地卻採取了懷柔政策，只設立了總督區和徵收人頭稅，並沒有使北印度多姆人陷於蹂躪的火坑。這以後兩、三百年的光陰裡，龐大的阿拉伯帝國開始土崩瓦解，走向衰敗。十世紀，當突厥人異軍突起，阿拉伯人只能困守巴格達及兩河流域，對遙遠的印度河流域則鞭長莫及。因此，所謂吉普賽人的流亡是十世紀阿拉伯人入侵印度所造成的說法是缺乏歷史根據的。

還有一種代表性的說法則把矛頭指向蒙古人的入侵。至今一些權威工具書還支持這個結論。史料記載，一三九八年，蒙古軍事首領帖木兒曾率領十二萬騎兵由中亞殺入印度西北部，

鐵蹄所到之處，生靈塗炭，大批土著居民四處逃散。但是，這一時間與語言學家的科學分析不相吻合，因此不能把蒙古人的入侵作為吉普賽人早期大規模遷徙的直接原因。

比較可信的說法是，吉普賽人的遷徙是突厥人入侵的產物。公元十世紀中葉，長期遭受奴役的阿富汗突厥人抓住阿拉伯帝國分裂的機會，一舉擺脫阿拉伯人的控制，建立了獨立的伽色尼王朝。這個崇尚血腥武力的突厥人王朝迅速接管了阿拉伯人的大片勢力範圍，領土東南直抵印度西北部。戰爭的陰魂數十年徘徊在這片飽經滄桑的土地之上，一柄災難的達摩克利斯劍高懸在多姆族的頭頂。

公元一〇〇一年至一〇二七年的短短廿六年間，伽色尼王朝的君主馬茂德曾十七次舉兵進犯北印度，燒殺劫掠。據載，僅蘇姆那特大屠城就濫殺無辜五萬多，掠走財富多達三萬馱。北印度淪為人間地獄，多姆人紛紛遠走避難。這是中世紀印度多姆族的第一次集團性移民。十二世紀，高爾王朝取代伽色尼王朝，在隨後長達三百年的強權統治中，北印度又遭受了無數次的血洗，赤手空拳的多姆人只能任人宰割，流亡逐漸成為求生的手段和習慣。可以基本斷定，這一時期出走的多姆族才是今日羅姆人真正的先祖，因為他們身上攜帶著吉普賽人的身世密碼——現代雅利安語的殘痕與碎片。❻

英國學者桑普遜在威尼斯的吉普賽方言中發現了四百三十個波斯語及波斯至威尼斯之間其他各種語言的詞彙；在亞美尼亞的吉普賽方言中也存在著眾多波斯語的詞彙。這些語言的活化石顯示，吉普賽人離開印度之後，曾在波斯地區逗留了相當

---

❻　參見趙錦元：《浪跡天涯的吉普賽人》，七～八頁，中國社會科學出版社，一九八二年。

長的時間，並與波斯人雜居交往。智慧的魅力是無窮的，桑普遜為探求吉普賽的智慧之源，耗盡了生命中最美麗的光陰。在行將走向生命盡頭的時候，他終於斷言：流浪的吉普賽人在波斯兵分兩路，繼續漂泊。其中一支，他稱之為「本吉普賽人」（Ben Gypsies），向南進入敘利亞，成為今天敘利亞、巴勒斯坦、埃及、波斯灣和高加索地區吉普賽人的祖先；另一支，他稱之為「封吉普賽人」（Phen Gypsies），定居於亞美尼亞，然後向西穿越拜占庭時代的希臘。

吉普賽人跨越土耳其安納托利亞高原，亞洲的綿綿群山漸漸消失在地平線盡頭，前途未卜的歐洲之旅開始了。前方第一站就是歐洲文明的發祥地希臘。奧地利語言學家密克羅斯基發現一個重要規律：幾乎所有的歐洲吉普賽方言都含有近百個中世紀的希臘語詞彙。這就足以說明，公元一一○○年前後，吉普賽人曾生活於希臘。正是由於這一經歷，不少國家都稱吉普賽人為希臘人，就連一五一二年西班牙加泰羅尼亞地區制定的憲法，也直呼他們為希臘人。至十四世紀初，吉普賽人已零星散布於地中海沿岸的巴爾幹半島及伯羅奔尼撒半島。

一三二二年，兩名朝聖的弗朗西斯科教會修士在希臘的克里特島意外地發現了穴居的吉普賽人。幾乎與此同時，吉普賽人出現在義大利的科孚島上，凱瑟琳女皇允許科孚的宗主政權接納這些沿襲希臘禮儀的外來人口為臣民。十四世紀末，這些吉普賽人在島上逐漸形成一塊獨立的封地。這一吉普賽封地在各領主的庇護下一直延續到廿世紀初。吉普賽人在科孚島的長期居留，也說明義大利人早就與他們有所往來了，因為該島在一四○一年至一七九七年間屬威尼斯管轄，而威尼斯人本來就是一個熱衷於航海的民族。

另外，還有一些史料同樣可以証實，無孔不入的吉普賽人

此時已大規模地滲透巴爾幹半島。一三七八至一三九五年間，半島南部諾普林地區的威尼斯總督曾對當地被稱為茨岡人的吉普賽人宣布，他們可以繼續享受前任總督給予他們的特權。與科孚島的吉普賽封地一樣，這裡也曾出現過「吉普賽城堡」（Gyphtokastron）。直到十五世紀末，德國旅行家還在伯羅奔尼撒半島的摩頓地區發現膚色黝黑、衣衫襤褸的吉普賽人和他們居住的陋屋。

　　曾經點燃人類文明聖火的希臘此刻體驗著一種不斷瀰漫開來的文化衝擊力，一個來自東方的智慧民族，勢力如此之小，影響卻如此之大，以至於十四世紀的拜占庭作家梅耶律斯（Mayaris）毫不誇張地把吉普賽人標定為希臘的七大民族之一。這是一次靜悄悄地文化碰撞。吉普賽人在頻繁的人際傳播中確立著自身的品牌，同時也從希臘人身上獲取了歐洲文明的基本操作規程，為躋身「歐洲市場」打下良好的心理基礎。

「歐洲陰謀」大曝光

　　吉普賽人貿然闖入歐洲無疑充滿了風險。為了減少風險，取得合法的生存地位，充滿智慧和勇氣的吉普賽人使出渾身解數，陽謀與陰謀雙管齊下，終於直入歐洲腹地。回眸歷史，這段有趣的往事是吉普賽人非凡智謀的巡迴表演。「陰謀」在某些場合同樣是令人讚嘆的。十五世紀的啟蒙鐘聲響徹歐洲大地時，吉普賽人也走進了歷史的新紀元。一四一七年，一群遠道而來的吉普賽人出現在德國；出現在歐洲文化的中心地帶。吉普賽人開始全面介入歐洲居民的生活。從此，歐洲各地的市政記錄留下這群漂泊者詭譎無常的蹤跡，留下主導文化對異族文

化的關注。大多數盛行不衰的吉普賽傳聞其實都源於這一歷史時期。

　　許多年後，當人們重新審視這群異鄉流浪者顛簸的大篷車在歐洲大地留下的蜿蜒車轍，忽然清晰地發現，一四一七年出現在德國盧尼堡的吉普賽人只是一個龐大的吉普賽集團先遣部隊。他們總共不足三百人，男女老少相雜其間，首領自稱是來自「小埃及」（Little Egypt）的公爵。這是一支擔負探測偵察任務的情報部隊，是一個置於強有力領導下高度紀律化的統一整體。他們根據情勢變化，隨時化整為零，分成若干小股獨立行動，但彼此之間又保持著密切的聯繫，一旦需要，則火速集合在事先約定的地點。他們以驚人的速度在歐洲腹地推進，足跡遍布各大政治、經濟、文化、軍事中心，並且與羅馬教皇、各國皇帝相接觸，尋求人身保護。

　　數年後，他們部分或全數返回大本營，彙報各方旅途經歷和形勢變化。毫無疑問，這支精悍的「探馬」的所作所為是成功的，因為一四三八年，數以千計的吉普賽人忽然從天而降，在全歐洲蔓延開來，而先頭部隊曾經駐紮的重要城池自然也就成了吉普賽人的主要集散地。這一切對於善良的歐洲居民來說，彷彿是一場離奇的夢幻，當黎明的朝霞掀動夢的衣裳，吉普賽人已經成為他們生活中的一部分。

　　現在，讓我們把視線挪回一四一七年，置身於這群喧鬧不安的吉普賽人中間。夢幻的歐洲之旅即將開始，我們將從中來領悟吉普賽民族的非凡素質和智謀。

　　上路吧，吉普賽人！

　　一四一七年的一天，盧尼堡的市民忽然發現城外來了一群面貌古怪的異鄉人。首領騎在高頭大馬上，衣飾華麗，手牽獵狗，滿身銀鍊熠熠閃光，好似本地的貴族。在他們身後，徒步

緊隨著一大群衣衫襤褸、沈默的青壯年男子；嘰嘰喳喳的婦女和兒童則坐在大篷車裡，在隊列的末尾壓陣。

這群吉普賽人的兩位首領自稱是來自「小埃及」的「公爵」和「伯爵」，他們向市政當局出示了神聖羅馬帝國皇帝西格斯蒙德（Sigismund）簽署的優良品行推薦信，說明自己正在進行一場救贖罪孽的朝聖旅程。

盧尼堡的官員和市民顯然被他們的虔誠所迷惑了。這群吉普賽人在城外的曠野裡安頓下來，到處訴說著無從查考的不幸遭遇：很久很久以前，他們是北非安分守己的居民，一些信仰基督教的外來者征服了他們，迫使他們受洗，皈依基督教。誰知時隔不久，蠻狠的撒拉遜人又來攻打他們，吉普賽人寡不敵眾，終於投降，被迫改奉伊斯蘭教。此舉引起了歐洲基督教權勢階層的強烈不滿，於是興師問罪，再度派軍征討。最初只是希望吉普賽人改邪歸正，重新信仰上帝，並沒有迫使他們離家外流的動機，但是後來經各國皇帝和領主協商，一致認為如此信念不貞的種族不應當擁有土地，除非獲得羅馬教皇的特赦。因此，吉普賽人被逐出埃及。征服者又勒令他們舉族前往羅馬，朝覲教皇，以贖前罪。西格斯蒙德皇帝親自出具推薦信。如今，他們正處於朝聖的途中。

這個被描繪得有鼻子有眼的故事，自然贏得了人們的眼淚和關切。官府和市民們紛紛資助這些缺衣少食的懺悔者。吉普賽人憑藉三寸不爛之舌，初試鋒芒，旗開得勝，他們又獲得了繼續漫遊、繼續生存的物質條件。在以後的漫長旅途中，吉普賽的首領總是自稱公爵或伯爵，騎馬牽狗，威風凜凜。而在當時的歐洲，只有貴族階層才有資格豢養獵狗，可見各地官吏給予他們的信任和優待。

告別盧尼堡，一四一八年，他們來到萊比錫和法蘭克福，

同樣的憐憫、同樣的資助、同樣的特權迎候著他們。次年在瑞士的一些城鎮，官府贈給他們麵包、啤酒和金幣。他們依靠沿途的施捨，一步步向南推進。

一四二二年夏季，他們抵達義大利的波倫亞。首領們住進鎮上的飯店，其他人則棲身於加利拉門的柱廊底下。這一回，首領們在娓娓動聽地敘述了喪失土地的慘狀之後，進而宣稱，他們擁有匈牙利皇帝簽署的一道法令，流浪期間允許偷盜，不必恪守正義。這實質上是為幾天後的所作所為埋下「合法化」的伏筆。

波倫亞人中計了。城裡盛傳吉普賽的公爵夫人會算命，於是大家都趕去湊熱鬧，可回家一掏兜，發覺錢包全沒了。結果，詛咒吉普賽人的怨言此起彼伏，可吉普賽人卻又狡辯他們如此行事是合法的。情急之下，一些魯莽的波倫亞人夜間偷襲吉普賽營地，盜走了馬匹。吉普賽人為換回心愛的馬，只好歸還財物，而此地也不宜久留，他們又匆匆上路了。

義大利的盛夏，陽光炙烤著大地，滿目綠色的風景燃燒著吉普賽人的幻想和激情，歌聲刺破大地的寧靜，車隊沿著無盡的山道執著向前。幾天後，他們出現在臨近羅馬的福蒂鎮，隨後開進目的地羅馬。雖然梵蒂岡的檔案裡並沒有記載吉普賽人的活動，但他們似乎是得到了教皇馬丁五世的信任，因為年底當他們重新在瑞士露面時，他們躊躇滿志地取出羅馬教廷的証明信。至於「羅馬的假日」裡究竟發生了什麼事，也許只有天知地知了。

從羅馬歸來後的五年裡，這群神祕的吉普賽人忽然從「市鎮誌」編著者的筆端消失了。他們來無蹤，去無影，誰也不知道他們此刻隱匿在何方。歐洲人瘉合了傷疤，不僅忘記了先前的疼痛，似乎也遺忘了他們的存在。事實上，這支訓練有素的

吉普賽情報部隊早已兵分兩路，大部分人迅速返回報告，少數人繼續在歐洲鄉間遊蕩。

　　一四二七年八月十七日，這支疲憊的小股部隊出現在巴黎城外。他們熟練地重覆了那個老掉牙的朝聖故事，然後煞有介事地補充：一四二二年朝覲教皇本該是漂泊的句點，但教皇又命令他們進行為期七年的世界旅行，途中不許臥床，以示對上帝的虔敬和悔悟，此番來巴黎已是第五個年頭；同時獸教皇有令，各地主教和修道院院長在他們抵達時，必須贈送他們十里拉的盤纏，不得擅自違背。

　　這樣，這些吉普賽人在巴黎近郊居住下來，又操持算命的把戲，直至失竊風波驟起，巴黎主教出面干涉，他們才悄悄離開。此後，他們又在艾明斯、土倫、烏特勒克、阿希姆、波米、密德堡、密茲、雷登等地出沒過。一四三八年，吉普賽的主力部隊在收到可靠情報之後，大規模湧入歐洲各國。

　　讓我們再回味一下這次奇異的歐洲之旅。首先閃現的疑惑是吉普賽人身世傳說的真偽。雖然我們無法核對歷史細節，但至少有一點是肯定的：吉普賽人並非世代居住於埃及。這也許是一個重要的破綻。當然，也不排除這群吉普賽人曾在埃及滯留過，並藉此定義自我。當我們深入研究時，我們發現，其實這一傳說的真實性並不重要，關鍵是這近三百個吉普賽人的行動方式。英國學者菲茨杰拉德的觀察是富於啟示性的：「如果他們按通常的吉普賽方式行事，我們可能根本無從知曉他們；正是因為他們的非同尋常，所以才被記載下來。」一般而言，吉普賽的行動方式是漫遊式的，遷徙方向的確定充滿了隨機性，而這支吉普賽群體則紀律嚴明，一開始就瞄準羅馬，這顯然是一次有計畫、有預謀的行動。其實，這裡的動機也是昭然若揭的：朝覲教皇只是為了尋求最可靠的人身庇護。在當時的

社會環境下，教皇具有無上的權力，他的信任無疑是最有效、最通行的護身符，任何國家的皇帝都不可能達到這一點。至於教皇如何表態，也並不妨礙大局。他能信賴當然最好；若無所表示，吉普賽人從羅馬逛了一圈回來，自然也就有了朝聖觀見的談資，於是又憑添一層神聖不容侵犯的油彩。因此，羅馬朝聖是為吉普賽人大規模滲透創造人身安全的基礎，一旦「資本」到手，大部分人便回去通風報信：大舉推進的時機已經成熟。

這是一支足智多謀的吉普賽群落，他們有板有眼地推進，牽扯了歐洲眾多中心城市；一方面實地勘察，掌握信息，另一方面也散布了種種傳說，力圖使自己未來的行動合法化，為一四三八年的擴散鳴鑼開道。

馬背上的歷史與智慧

吉普賽人是一個處於「模糊狀態」的民族。從歷史上看，他們的運動方式和方向是模糊的、不確定的。從現實來看，他們的語言、習俗乃至人口都是模糊的、難以涵蓋和界定的。這是一個奇特的民族。「模糊狀態」蘊涵著無限多樣的發展可能性，蘊涵著靈活多變的生活趨勢和希望。正是在這片模糊的智慧場之中，這個弱小的民族才頑強地迎來一個個生機勃勃的早晨。且讓我們回顧一下這群流浪漢初入歐洲的足跡。

大篷車載著吉普賽人走過一個個陌生的地方，載著沈重的歷史奔向一個又一個晨曦輝映的黎明。吉普賽人在流動中譜寫人生跳躍的音符，在馬背上鑴刻歷史的滄海桑田。

當伯羅奔尼撒居民發現這些流浪者的時候，吉普賽人也彷

彿在一夜之間從羅馬尼亞的地下變戲法式地湧現出來。法國研究吉普賽歷史的專家P‧巴達拉爾在汗牛充棟的歷史資料中考証出，吉普賽人在一三四八年抵達羅馬尼亞的瓦拉吉亞，一四一六年又到達羅馬尼亞中部特蘭西瓦尼亞地區的佐布拉索夫城。這支步步推進的吉普賽群體大約一百多人，首領自稱是來自埃及的艾馬奧斯王。沿途的居民對他們的生活境遇非常同情，紛紛施捨銀幣、糧食和家禽，並為他們虔誠祈禱。

據說，一些途經羅馬尼亞的吉普賽人在一三七〇年轉化為當地的農奴，從而長時間滯留下去。不少吉普賽民間故事也傳說著瓦拉吉亞領地的大公盛情挽留他們的情景。史料記載，一三八七年，瓦拉吉亞王子默森一世（Mircen I）借助特權，將伯父的封地改建成聖安桑尼修道院，成為吉普賽人的居留地。這或許是吉普賽農奴制施行的一個旁証。進入十九世紀，隨著農奴制的解體，大批吉普賽人又從瓦拉吉亞、摩爾達維亞等地流向西歐。今天，在羅馬尼亞境內，仍居住著七十萬左右的吉普賽人，而且西歐各國的吉普賽人大多能講多瑙河流域的語言。甚至有學者考証，吉普賽人的「羅姆」自稱也與羅馬尼亞有關。這些都充分証明，羅馬尼亞曾是吉普賽人向西展開「規模滲透」的重要基地。❼

一四一五年，三百多名吉普賽人流浪到匈牙利和波希米亞。匈牙利國王吉基遜德給這群表示懺悔的異鄉人頒發了特別通行証，要求匈牙利境內，包括波希米亞的地方官，不得干擾和迫害吉普賽人，不得無故懲處他們，對於他們的生活予以適當照顧。這期間，吉普賽的頭領也自稱「公爵」，並取了不少

---

❼　參見《考利百科全書》，十一卷，第五五四頁，英文版，麥克米蘭教育公司，一九八〇年。

基督教的名字，如安德魯（Andrew）、米歇爾（Micheal）、托馬斯（Thomas）等。

相傳，吉普賽人在一四〇七年出現在赫德西姆，一四一〇年出現在法國馬孔，一四一四年出現在巴塞爾，一四一六年出現在梅森，一四一七年出現在德國，一四一九年八月來到法國東部、里昂偏北地區，一四二〇年十月又有人在法國東南阿爾卑斯山附近的施斯達朗見到他們，一四二二年他們出現在義大利波倫亞，一四二七年出現在巴黎，一四四七年出現在西班牙的巴塞羅納。同時，一部分吉普賽人已經渡海抵達英倫三島。至此，吉普賽人已遍布歐洲各地。

另外還有一支吉普賽車馬隊從波斯出發，北上進入亞美尼亞，由俄羅斯直揮歐洲腹地。十九世紀末，在俄國的亞塞拜然、亞美尼亞、格魯吉亞等地還流浪著數百名吉普賽人，他們在與土耳其或伊朗的交界處自由出入，風俗習慣恪守傳統，但語言深受亞美尼亞語影響。桑普遜的威尼斯考察也証實，吉普賽方言殘留著不少亞美尼亞詞彙。當然，也有部分吉普賽集團局限在波斯灣、敘利亞、巴勒斯坦、埃及等中東區域內流浪，成為亞洲的吉普賽人。抵達埃及的部分吉普賽人後來南下進入非洲心臟地區和南部沿海。

根據語言學的分析和歷史學的考証，吉普賽人的遷徙路線大致有兩條：一條是從印度到波斯，北上高加索、亞美尼亞、俄羅斯，再南下東歐各國。另一條是從波斯、土耳其進入希臘，然後轉道羅馬尼亞、匈牙利、波希米亞、德國。到德國後，部分人去丹麥、瑞典、芬蘭、挪威等北歐地區，另一部分繼續西行經奧地利、瑞士至法國、英國、義大利、西班牙。也有學者主張「地中海滲透說」，認為吉普賽人由波斯灣、阿拉伯半島抵達埃及，然後由北非沿海地帶多頭並進，渡過地中

海，在希臘、義大利、西班牙等北岸國家登陸，進而輻射至整個歐洲。這一說也言之成理，並非無稽之談。

事實上，吉普賽人的遷徙並沒有既定的目標，當某地的地理環境和人文環境不再適於他們生存時，他們就向新的地域進發。這種推進完全是「跟著感覺走」，是出於基本生存的考慮。因此，這種遷徙軌跡絕不可能是單向型，而必然是發散型的，因為每一種方向都預示著一種生存的可能。另一方面，吉普賽人的流浪是小股散兵滲透，因而不可能精確標定移民路線。也許從全局看，吉普賽人在歐洲版圖的遷徙恰似顯微鏡下無規則的「布朗運動」分子。這種無序運動實際上反映了吉普賽人頑強的適應能力和應變能力。

十五世紀下半葉，歐洲各國開始對吉普賽人進行排斥和迫害，吉普賽人的生存面臨嚴重威脅，美洲新大陸的發現恰巧給他們帶來重新發展的機遇。伴隨著歐洲殖民者向美洲殖民，吉普賽人開始出現在南美的巴西和北美的巴爾的摩。這一場越洋遷徙至十九世紀達到鼎盛。今天，美國和加拿大的吉普賽人大多是在一八七五年至一九〇〇年間遷來的。新大陸的吉普賽人在生活方式上仍沿襲古老傳統，流浪足跡已踏遍南北美洲。

世界上究竟有多少吉普賽人？這又是一道難解的謎面。幾乎每一個調查機構都能拿出一套不同的數據。這是因為吉普賽人始終處於流動狀態，難以精確統計；另一方面，部分吉普賽人與異族通婚，生兒育女，從血緣出發，難以劃定民族成分。同時，各國政府的歧視政策也影響了人口普查的準確性，一些吉普賽人為免遭種族歧視，在登記時隱瞞了真實身分。

如今，全世界吉普賽人口，其中大多數居住在中歐與巴爾幹半島，另外是羅馬尼亞、保加利亞、匈牙利、美國等地，保守估計，時下總人口應該已達二千萬左右。

數百年前顛簸於馬背之上的奇異民族如今已遍布全球。吉普賽人像一片片強勁的網狀根系，將每一根纖細的觸角揮進世界各民族板塊的縫隙之中，在不同民族的夾縫間求得自我的發展。他們不依賴於任何異族，但他們又確確實實紮根於異族的土地，汲取智慧的養料，豐滿自身的羽翼。這個看似弱小的民族，最終卻是強大而不能被忽視的偉大民族。

Chapter 2
人在旅途

大篷車的智慧

對於許多觀眾而言，印度寶萊塢影片《大篷車》（一九七一年出品）所展示的異族風情是令人難忘的。很久以來，無論在哪個國度，人們一提起吉普賽人，就會聯想起在鄉間小徑上顛簸前行的大篷車。這是每一個吉普賽家庭最重要、最昂貴的財產，也是吉普賽人賴以生存的天地。在衣食住行這四大生活要素之中，「住」與「行」兩項都集中於大篷車，一代又一代吉普賽人為之傾注著智慧和心血。

嚴格意義的「大篷車」不僅僅是運輸工具，而且是吉普賽人流動的起居室，羅姆語稱之為「伐多」（vardo）。早期逃難遠征的吉普賽人是以馬隊和駝隊的形式出現的，每到一個棲息地，就安營紮寨，生活在帳篷中，同遊牧民族毫無二致。隨著歲月的推移，流浪已經成為吉普賽人的習俗。繁瑣的宿營器具和操作令人感覺諸多不便，加之道路質量的逐漸改善，智慧的吉普賽人就開始考慮把馬和帳篷這兩個分離的生活內容結合

起來，於是在九世紀初，馬拉的大篷車就開始奔波於城鎮鄉村了。十九世紀中葉，英國著名作家狄更斯在小說《老古玩店》中描述了加利太太的大篷車；從整體設計和內部裝置來看，這已經是完全發展成熟的吉普賽大篷車了。如果說，帳篷宿營還帶有一絲定居生活的殘痕和記憶，那麼，大篷車則完全是吉普賽流浪智慧的物化了。

大篷車的製造技藝和生活方式是在長期的生存摸索中逐步發展積累的。吉普賽人「住與行」的智慧並非一成不變的，像豐富多采、充滿動感的流浪經歷一樣，一切隨著時空條件的改變而變更。由於歐洲氣候溫涼，四季分明，而且路面普遍較為平坦，因而在英國、法國、德國、波蘭、匈牙利、羅馬尼亞、義大利等歐洲國家，馬拉的大篷車曾一度較為流行。

到了二十世紀五〇年代，大多數仍然流浪的吉普賽人已改用汽車拖拉的鋁製篷車。但在土耳其、阿富汗、墨西哥和一些南美國家，鑑於氣候炎熱，已不適於生活在悶熱的大篷車裡，所以吉普賽人就在夜間搭簡易帳篷，白天把鍋碗瓢盆和帳篷鋪蓋放在四輪或兩輪的大車上，用馬拉著四處遊逛。不僅如此，大篷車的動力來源也各有千秋。馬匹自然是最常見的。在西班牙和希臘，當地人慣用驢子負重，在印度，人們用牛，在中西亞諸國則用駱駝，吉普賽人也就入鄉隨俗。在墨西哥、中美洲、南美洲等地，他們已經使用卡車；而在美國，配備起居室的大型豪華轎車也進入吉普賽人的世界。

吉普賽人尋求著變化，他們的交通、住宿工具也在悄悄地演變。然而，無論在人們的記憶中，還是在他們的腦海中，舊式大篷車永遠是充滿浪漫色彩和智慧機趣的。典型的吉普賽大篷車是單間起居室的，車輪高大，前後和兩側開有窗戶。如果門開在前部，那麼後部則安裝著一個堆放家用器具的行李架，

車下還有一個貯藏食品和餐具的碗櫥。同時，車門下裝有木製懸梯。在大篷車內，門後是一座煤爐，煙囪伸出車頂，旁邊有一個碗櫥和一個大抽屜或凳子。兩側是貯藏瓷器的角櫥、置放衣物的五斗櫥和功能多樣的抽屜。整個後部是兩個鋪位的床區，可以架床，也可以打地鋪。如果門開在後部，那麼內部設置將會相應地調整。

由於大篷車不是現代化成批生產，所以找不到兩輛完全相同的大篷車。每輛大篷車都反映著製造者和車主的創造力和智慧。據說，在英國有五種類型的大篷車；雷汀型、稱茲型、利杰型、波頓型和布魯士型。其他國家的吉普賽人使用的大篷車也與此大同小異。

雷汀型——這是一種四四方方、輪子安在車身外邊的大篷車，一般長十‧六呎，寬六呎，加上房檐可達六‧六呎。其精緻考究的程度完全取決於車主的投資；較豪華的還安裝了玻璃天窗，以利於採光。

利茲型——這是一種頂部呈弧型的大篷車，又稱為桶頂車，因為頂篷像半個倒扣的水桶。一般長九‧六呎，寬六呎左右。由於它的弧線構造，許多吉普賽人認為這是一種使用壽命最長的大篷車。這裡有一個現象充分體現了吉普賽人的智慧：利茲型大篷車在北方及沿海國家常見，而南方及內陸國家則多用雷汀型大篷車。這顯然是吉普賽人注意到了氣候的變化，並主動適應：南方內陸國家乾旱，北方沿海國家深受海洋性氣候影響，普遍多雨。

利杰型——也有人稱之為「木屋車」。這是一種使用最普遍的大篷車，設計上介於雷汀型和利茲型之間，車型略呈弧線，車輪安在車下，車頂不像利茲型的「圓桶」。一般長九‧六至十呎，寬六至六‧二呎。

· 大篷車的一家人

波頓型——這是一種用鑲板或假型板製成的大篷車。頂篷為扇形拱構造，板柱上都刻有精美的花紋圖案。一般長十‧六呎，寬六呎。

　　布魯士型——現在的吉普賽人已很少使用這種大篷車，主要為一些流動商販所採用。它就好像是一具流動的貨櫃，兩側及後部製成櫥窗，懸掛出售的商品；車頂用欄杆圍起來，堆放貨物。車身塗抹得花枝招展，招徠顧客。

　　另外還有兩種敞篷大車：一種名叫「波特」的兩輪或四輪大車，另一種是兩輪油布大車。這兩類車普遍適用於炎熱地區。春夏秋三季，吉普賽人傍車席地而睡，冬季就在大車上扯起帆布或油布，睡在簡易的大篷車裡。這是吉普賽人充分熟悉和適應環境的智慧。這類大車還可以拖在起居用的大篷車後面，用於孩子睡覺、運載貨物或叫賣商品。

　　「大車」（cart）這個詞常常會令人產生歧義，以為是簡單的平板車。但事實並非如此。「波特」車用細木柵欄圍成一個半桶狀的車篷，外形好似一個籠子，通風和採光條件較好。如果蓋上不透水的篷布，就儼然是一個大篷車的模樣。前部車底安裝著幾塊活動板，向外抽出來就可以當凳子。後部車底裝有盛放食品和餐具的碗櫃。車內也有火爐等設施。沒有固定的床，冬天睡覺打地鋪。一般長約九呎，寬四呎。

　　另一類兩輪油布車，結構與「波特」車類似，只是後部安裝了巨大的行李架，代替了車底的貯藏櫃。冬天或雨天，吉普賽人就在車上覆蓋黑色、綠色的油布，用來禦寒防雨，因此而得名。這類車長度與「波特車」相仿，寬六呎，高五‧六呎。這裡有一個小小的機關體現出吉普賽人的機智。由於是兩輪車，所以靜止時難以保持水平，勢必影響睡覺，於是，吉普賽人就在車底座的後沿安裝了兩根與車輪等高的木樁，行駛時像

飛機起落架一樣收起來，而停車時就放下來，用以支撐平衡。還有一種辦法，有的吉普賽人在車底安裝一根活動的粗棒子，停車後，就把木棒抽出一半，插在路邊的籬笆上，或者擱在其他支撐物上，同樣能讓車身保持水平。

在舊時的歐洲，曾經有一些吉普賽人專事大篷車的製造。他們駐紮在林場邊上，接受主顧們的諮詢與訂貨，設計各種構造和功用的大篷車及其附件。他們出產的大篷車絕沒有完全相同的，一切依照顧客的需要加以規劃，每一次生產都是一次創造性的智慧發揮。同時，大篷車製造牽涉到木工、金屬加工、油漆等不同工種，因此，在生產過程中，各類工匠協同作業，流水操作，在管理上也不乏科學性。

大篷車是衡量一個吉普賽家庭貧富的標尺，也是一個年輕的吉普賽人走向成熟和獨立的標誌。孩子漸漸長大，就會離開父母的篷車，睡在後面的拖車裡。一旦成家立業，就會擁有一個自己的篷車、自己的世界。大篷車代表著一個自足的家庭，代表著一種家的溫馨和充實。這對四海為家的吉普賽人來說尤其重要。

吉普賽人的空間智慧

俗話說：螺螄殼裡做道場。在僅有五、六個平方米的大篷車裡，吉普賽人是怎麼生活的？他們充分合理地利用空間的智慧是令人驚歎的。

大篷車是吉普賽人的家。他們生於斯、長於斯，所有的生存智慧都與這個獨特的生存工具發生著必然的聯繫。大篷車載著吉普賽人的一切生活必需品，載著這個民族的夢想、苦難與

浪漫，駛向遠方。

《第一手報導》雜誌曾簡要地描述了吉普賽人如何設計篷車的內部裝置：「篷車中每件東西都有雙重用途。子女睡的、一部隱藏在幕布後面的克難床，白天上面高高堆放著吉他和墊子。晚上餐桌搬開，下面的長凳拼成一張雙人床。只有一尊戴著王冠、雙手高舉的吉普賽聖女莎拉的雕像始終不動。」這裡點出了大篷車設計的兩個基本智慧點：除了聖女像以外，任何東西都是活動的；任何東西都至少有兩種用途。

首先，篷車內部的設備都是可以調整、替換和重組的。兩件用途不同的家具組合起來，就能發揮第三種用途。比如，桌面與碗櫥頂拼接就能當作一張雙人床。其次，所有設備都是多功能的。比如：床鋪白天用於堆放生活用品；五斗櫥做成三層相疊的組合式，白天鎖定，夜晚拆開，在地板上拼攏成一張床。這些充分開掘家具功能的設計實際上也就減少了家具數量，減少了家具對篷車空間的占有量。

居室雖小，但吉普賽人的想像力卻是無限開闊的。我們從兩個「小設計」上便可以看出吉普賽人的靈感和創造活力，他們盡最大限度地運用了抽屜和鉸鏈的功能。

抽屜是用於貯藏物品的，但是它的抽拉特性使它具有了分割空間、組合空間的功能。吉普賽人發明了一種抽屜式凳子：在大櫥下部安裝一塊厚實的活動木板，抽出來就可以當凳子坐，不坐時就塞回大櫥裡，根本不占空間。與此同理，還有抽屜式桌子。許多外族人因為在大篷車裡不見桌子，只以為吉普賽人嫌四方桌占面積，棄而不用。其實，桌子就在大櫥的肚子裡，或者在床鋪之下。有的吉普賽人設計了一種雙層床板，上層用來睡覺，下層抽出來就是一張桌子，一家人席地而坐，同桌共餐，其樂融融。這種抽屜式桌子在大篷車裡邊有好幾處，

大小不一，有的是用作飯桌，也有的是工作抬。

再讓我們來看看鉸鏈的功能。鉸鏈是用於連接活動性物體的，它具有改變一個物體的空間位置的功能。還是觀察一下桌子和凳子的設計。凳子是一塊裝有鉸鏈和彈簧的木板，平時翻起來，緊貼著車身板壁；如果不用彈簧，就用搭鉤拴住，坐時只需翻下木板即可。鉸鏈處另有裝置保持木板水平，不再下移。這種凳子也同樣絲毫不占空間，安裝簡便。桌子的設計也與此類似，只是桌子一般負重較厲害，所以一旦持平，就用搭鉤拴住板壁。更有甚者，有的大篷車還安裝著鉸鏈式活動床鋪：白天不見床，晚上從壁上翻下來兩張上下鋪疊床。

除了在篷車內精打細算以外，吉普賽人還思考向外圍空間發展。大量的生活用具以掛、拖、綁、堆的方式安置於大篷車的外殼，僅把怕潮怕曬怕竊的貴重物品放在篷車內。比如，在大篷車的底座裡安裝了一個抽屜式貯藏櫃，存放食品和餐具；車身前後安裝筐式行李架，放各類雜物；車頂上堆放帳篷及待售商品。家底殷實的吉普賽家庭還常常在篷車之後掛上一輛滿載貨物的大車。

空間智慧實質上是一個人如何安身的智慧。利用空間、運用空間、協調空間，這是生存的大智慧。吉普賽人的生存天地如此狹小，然而，他們仍然生活得津津有味，井井有條，游刃有餘，看似尋常的設計實際上包含著無窮的機智。先「安身」而後「立命」，生存一旦有了可靠的保障，生活的智慧之泉就會源源不絕。

在大篷車裡，有三種設施是必不可少的：床、爐子和櫥。床顯然是最重要的家具，它占據篷車內的大部分空間，全是上下鋪的疊床，一般六呎長，四呎寬。上鋪外側有一塊六呎寬的帶輪軸擋板，可防止睡熟者滾落下來。有的下鋪床板是雙層

的，抽出下層床板，即可拼成一張雙人床。由於吉普賽人身材高大，六呎的床鋪長度常常顯得局促，所以上鋪在設計上也採用雙層床板式，抽出下層，即可延續床鋪的長度，同時又不妨礙下面空間人們的活動。有的吉普賽家庭生活貧困，大篷車裡沒有安裝床鋪，子女又多，於是，父母就在大篷車的後部架一塊橫板，孩子們橫臥板上，他們則躺在地板上，頭和上身露在外面，腿腳插在孩子們的床板之下。在更為早期的大篷車裡，又普遍流行安裝一種從地板一直伸向天花板的床桿。這種床桿除了力學功能以外，還可以裝上布帷，晚間拉上睡覺，白天拉上則是一個貯藏室。床桿上還精心雕刻了花紋，並懸掛著鏡子等女性梳妝用品。

　　大篷車裡的火爐主要是用於取暖的，而煮食是在露天架上籌火來進行的。吉普賽人的火爐設計和安裝也體現了他們利用空間、駕馭空間的才智。他們設計了鐵皮和黃銅雙層金屬板製成壁爐箱。這種爐箱倚板壁而建，下部開著門，裡面可安放一座大小適中的火爐，還配有風箱，爐上有管道排放煙霧。整個爐箱呈錐形，向上逐漸變細，直至天花板，伸出車頂，與火爐管道吻合，即成煙囪。爐箱的腰部裝有一塊雕刻花紋的壁爐台，周圍用三條黃銅擋板圍住，防止物品滑落。爐箱實際上是一個暖氣箱，爐門關閉，箱門關閉，即可防止煙氣和一氧化碳倒灌室內。同時，由於爐箱與火爐管道是管中管結構，適當時候也可開啟對外通風器，排放熱氣，因此箱壁溫度均勻恆定，不必擔心烤焦衣物。在寒冷的風雪天，吉普賽人也開啟箱門，在火爐上支起三腳架，煮水燒飯。不過，吉普賽人知道這時必須經常開窗換氣，否則一家老小都會頭腦發暈。據說在有些國家，吉普賽人的炭爐終年長燃不熄，因為它象徵著吉普賽家庭興旺和溫暖，也是吉普賽人熾烈而奮強的民族精神之寫照。

每輛大篷車裡至少有兩種櫥：五斗櫥和碗櫥。碗櫥有四四方方的，也有少占空間的角櫥。碗櫥一般用木板上下隔開，上層安玻璃門，下層安鑲板門。有時也用一個扁扁的大抽屜來分割上下空間，抽屜裡專放刀叉勺等器具，一物兩用。五斗櫥的櫥頂刨平拋光，可用作桌子；有的還是雙層的，中間裝鉸鏈，翻開來就是，一張方桌。五斗櫥上部一般都設計成若干小抽屜，下部則是三個大抽屜。有的大篷車面積較小，放不下碗櫥，就把五斗櫥最下層的抽屜去掉，安上鉸鏈門，改裝成碗櫥。如此這般的五斗櫥真是地地道道的組合式家具了。

　　空間這個概念，對於吉普賽人來說，極其富於象徵意味。你可以說，上天如此厚待吉普賽人，他們的生存空間如此廣闊，以至於囊括整個世界；你也可以說，上天又是如此苛待吉普賽人，他們的生存空間如此狹小，以至於放不下一張舒適的床。在緩緩流淌的時間長河裡，吉普賽人始終在應付、征服、運用形形色色的空間，智慧的靈光始終在「大空間」和「小空間」之間跳躍閃爍。從某種意義上講，吉普賽人的生存智慧就以這種空間智慧為軸心。

　　這裡我們觀察的是吉普賽人的「小空間」智慧。

　　生存空間對一個民族思維的影響是重大的。狹小的大篷車世界在一定程度上促使吉普賽人形成精打細算的生活觀念，凡事都從實用、經濟的角度去思考。這也就是外族人所說的吉普賽人「門檻精」。同時，如此艱難的生存空間也促使吉普賽人發揮創造力、想像力和發散性思維，在有限空間裡營造無限的生活內容。

　　然而，吉普賽人並未因此而形成封閉、狹隘、猥瑣的心理態勢，他們的心態是豁達的、寬容的、健康的，因為打開大篷車的門，外面就是無限開闊和精彩的世界，他們的心靈屬於整

個世界，他們的智慧將在浩瀚的天地間昇華。從大篷車到整個世界，從有限的空間到無限的空間，這是吉普賽人心態與智慧流程的恰當比喻。追求保守與開放的統一，追求有限度的開放，這是吉普賽民族的氣度與理智。

回家吧，受傷的心

吉普賽人是一個有家無國的民族。因為他們沒有屬於自己的國度，所以飽受欺凌和歧視，難以與其他民族平等地登上國際舞台。但是他們擁有家，擁有溫暖的大篷車，受傷的心可以在這裡找到安慰，疲倦的旅人可以在這裡找到避風的港灣。吉普賽人在大篷車裡找到了自己。

雖然這個家是如此簡陋狹小、顛簸不定，但是，他們仍然懷著溫情去安排和裝飾。美化居室是一種尋找身心平衡，尋找心靈慰藉與補償的智慧。

二戰以後，西歐一些國家的吉普賽人生活條件有所改善，他們所做的第一件事就是把自己的床鋪整治得更舒適一點。於是，許多吉普賽家庭開始使用羽絨被和鬆軟的床墊。吉普賽婦女的針線活堪稱一流，她們在居室布置上傾注了無數心血。

吉普賽人喜歡用厚實的亞麻布做床墊。這種亞麻布一直被視為家庭的貴重財產之一，從不出賣；家庭成員亡故，亞麻布是重要的陪葬品，以示對死者的尊重。因此，亞麻床墊是一種享受，一種對休閒方式的注重。婦女們總是在鴨絨被和床罩上繡出色彩艷麗的圖案，把床鋪收拾得整潔舒適。陽光燦爛的日子，她們會把被子和床墊取出，放在路邊柵欄或車頂上曬。無論這家主人衣著如何邋遢，大篷車裡的床鋪永遠一塵不染。每

每有人誇獎他們床鋪和居室的布置，女主人總是喜不自禁。

　　火爐是大篷車內的取暖設施，但它也是一個污染源，尤其是在起風的日子，煙霧會倒灌進來，粉塵也會四處瀰漫。在比較先進的大篷車裡，專門設計了密封性能優異的壁爐台，外壁砌上瓷磚，底座安裝抽屜，專放煤塊、木柴、木炭等燃料。整個壁爐台光潔氣派。不過，現今的吉普賽大篷車裡已經出現了筒裝煤氣、抽水水槽和電力（蓄電池）等現代化設施，這就使生活更為舒適了。

　　大篷車裡的角櫥其實很少有實用價值，它是用於裝飾的。在這樣擁擠的方寸之地中，吉普賽人甘願犧牲一方休息的空間，換來美的一隅，足見他們美化生活的良苦用心。吉普賽婦女喜歡收藏瓷器，不少家庭的藏品價值遠遠高於眾多歐洲中產家庭的收藏。她們把這些珍貴的瓷器擦拭得鋥亮，小心翼翼地安放在角櫥上半部的玻璃櫃裡，並且設法固定，防止在車輛顛簸時砸碎。大多數吉普賽家庭還收藏著精緻典雅的黃銅燭台，每當窗外夜幕降臨，金色的燭火和燭台在明亮的壁爐瓷磚映襯下，滿室生輝，暖意襲人。除此之外，地毯也是篷車裡所必備的。普通吉普賽家庭多用漆布作地毯，原因是便於清洗。瓷器、燭台和多彩的漆布地毯構成了大篷車內古樸雅致的情調。

　　吉普賽人的生活方式不適合造型藝術的發展，他們在繪畫方面的才能似乎遠遠遜色於音樂。然而，我們從大篷車上仍然能夠發現他們潛在的造型藝術的靈氣。吉普賽人喜歡任無窮無盡的藝術想像力在車殼上自由馳騁，每一輛大篷車都是車主苦心描繪的藝術精品。紅黃黑是吉普賽人最喜愛的三種顏色，於是有的大篷車就用黑色作底色，用紅色和綠色勾勒圖案，用鮮亮的黃色塗抹輪子。這樣的大篷車宛如童話王國的玩具車，煞是可愛。

・華麗之家

車主們都喜歡把自己的大篷車裝飾得與眾不同，因此篷車裝潢是一項長期的工程，完全憑車主的興致來進行。菲茨杰拉德曾遇過一位吉普賽車主，他採購了各色油漆，沒有任何腹稿，只等感覺來了，東塗一筆，興緻高了，再西抹一筆；有時還刀刻莫名其妙的木雕，一一釘上，猶如一幅現代抽象畫。

　　車主認為這幅畫結果怎樣並不重要，但擁有這樣一個藝術過程卻是令人充實和愉悅的，所以潢工程還將一直延續下去。菲茨杰拉德的報告中還提到另一位吉普賽藝術家，他在大篷車外壁上畫了幾條栩栩如生的舞龍，還在車轅上繪製纏繞的蛇，在車門上描繪獅子和大象，好似馬戲團的動物車廂。吉普賽人的繪畫技藝存在著模仿外族的痕跡，比如有的大篷車壁畫竟是街頭廣告招貼畫的組合。未經任何訓練的吉普賽人能夠惟妙惟肖地模仿，本身就體現了吉普賽人的聰明能幹。當然，吉普賽人是不會就此沾沾自喜的，他們擁有創新的天賦。有趣的是，吉普賽人畫畫，不用任何草圖或參照圖案，他們是用記憶作畫，憑心靈的感受作畫。

　　大自然千奇百怪，絢麗多彩。在吉普賽人的眼中，灰色的粗糙的篷車是缺乏生機的，是與大自然格格不入的。因此，他們熱衷於打扮大篷車，讓它像一個美麗的景觀融入大自然的懷抱，讓這個吉普賽人賴以生存繁衍的搖籃像廣袤的大自然一樣機趣盎然。另一方面，彩繪大篷車也具有巨大的廣告輻射力。吉普賽人並不想默默無聞地穿過異族社會，他們渴望躋身進去，因為這是生存的需要。不介入異族生活又怎能奪來他們嘴邊的飯碗呢？他們用「車身廣告」去吸引視線，宣傳自我，樹立在外族心目中的品牌形象。

　　當然，吉普賽人最重要的目的還是為了營造一個蕩漾著美好和溫情的家。人在旅途，經受著太多的磨難和創傷，所有這

一切都鬱積在心頭，如果沒有撫慰和調諧，心靈便會扭曲。這是心理學的常識。吉普賽人面對冷漠的世界，背靠著的卻是溫暖的家。大篷車雖小，對吉普賽人的心靈而言，卻是一個永恆而偉岸的依傍。晚歸的旅人一旦想到有一個燭光縈繞的家，一張墊著厚厚亞麻布的溫暖床鋪，那種發自肺腑的寬慰是無以言表的。在這個意義上，大篷車維繫著這個浪漫民族的人格自尊和心理平衡。

形象策劃與自我包裝

　　細細一想，吉普賽人的服飾智慧是相當有趣的：世界上幾乎所有的民族都有自己傳統特色的民族服飾，唯獨吉普賽人沒有；沒有民族服飾的吉普賽人在漫遊的過程中廣泛吸收其他民族的傳統服飾，最終在服飾上與任何民族都迥然相異，形成別具一格的「民族服裝」。吉普賽人的「自我打扮」再一次展示了他們兼容與創造的智慧。

　　服飾是民族文化的表層特徵。透視服飾的款式、色彩、功用等要素及其演變，我們可以考察一個民族的心理狀態和生存狀態。喜歡打扮裝點自身也許是人與動物的一個區別，追求服飾使人成為一種文化的動物。因此，服飾打扮是一種文化操作，一種智慧運用。即使你不願打扮，羞於打扮，這本身也是一種內在心態的表現。吉普賽人天性愛美、樂觀、獨立，他們的服飾與這種獨具風采的民族性格是相互吻合的。

　　吉普賽人的服飾包容了世界各民族服飾的特徵。吉普賽人的智慧源頭在遙遠的印度，在跨越國界的流浪過程中；他們博採眾長，兼容並蓄，但是，他們始終沒有完全拋棄古老的印度

服飾習俗。各種資料記載，當吉普賽人在歐洲「登陸搶灘」時，他們頭上纏著頭巾，身上穿著五彩繽紛鑲著條狀花紋的衣服。這種充滿異國情調的服飾令我們聯想起印度河、恆河的子民。今天在印度仍然生活著同一血統的吉普賽人。一位中國的音樂工作者如此描述他們：「他們與往日的民間音樂家不同，不僅衣著穿戴特別艷麗，而且非常膽怯、害羞。其中婦女服裝的顏色為紅、藍、淡黃、墨綠，且鑲上各種彩色條紋。他們不像一般印度婦女那樣穿紗麗，而是著緊身上衣和裙子。上衣緊貼雙肩、上臂和胸脯，除手腳裸露在外，全身裹得嚴嚴實實；儘管當時氣溫已是攝氏四十九度，她們還要用一塊長的披肩，從頭披向雙肩，並不時用以掩面。」

在這裡，印度吉普賽人的服飾特徵和舉止在歐洲吉普賽人身上也可以發現，只不過歐洲吉普賽人的服飾更趨複雜多樣，「印度風格」僅為其中的一個元素。

吉普賽人不從事紡織業，因為那需要複雜的設備和原料，與他們流浪的生活方式不相符合。早期的吉普賽人往往是購買市場上跌價的過時衣服或舊衣服，有時也靠別人施捨。這些衣飾在當地談不上時髦，但吉普賽人穿上身卻也與眾不同。在流行領域，也許很難絕對認定過時與時尚，被拋棄的風格經過改頭換面，會重新壓倒大紅大紫的時尚。吉普賽人的打扮讓人似曾相識，但又不乏「先鋒」意味。

隨著吉普賽人在歐洲逐步紮根，他們開始從外族手中購買或換來布料，進行成衣加工。在服飾設計上，他們邁出的第一步是模仿。五百年前，西歐人初識吉普賽人，便被他們五花八門的服飾搞得暈頭轉向，因為從他們身上可發現土耳其、波希米亞的風采，也可以看見埃及、地中海沿岸諸國的神韻，有的人甚至還穿著過時的歐洲貴族服裝或騎兵裝束，鞋子也千姿百

態，長靴、短靴、皮鞋、涼鞋、草鞋應有盡有，實在令人無法判定他們究竟來自何方。吉普賽人的服飾模仿存在著一個有趣的特點：他們從不全盤模仿別人，而只是模仿別人身上那些配自己胃口、投自己所好的部分，而當這些他人瑣碎的服飾智慧在他們自己身上重新組配裝點的時候，他們就贏得了一種創造。雖然你可以在一個吉普賽人身上找到其他各民族的影子，但是從整體上看，他永遠只是一個吉普賽人，而不是其他任何民族。這種由模仿向創造的轉化，這種融會他人智慧而又不失自我根本的生存方式，正是吉普賽人的智慧所在。

吉普賽人的服飾是充滿個性風采的。這種個性表現在兩個層面：首先，作為民族的整體服飾形象，他們在世界各民族中卓爾不群，別人的民族服裝經他們主觀意志的策劃而成為自己的「民族服裝」。吉普賽人並不盲目地「趕潮流」，他們擁有自己獨特的眼光、傾向和傳統。比如，吉普賽人常常穿著沿途各族式樣的鞋子，但他們最喜歡的還是光腳丫子，美其名曰「更好地感受大地」。事實上，這只是當年從印度帶來的遺俗罷了。再者，吉普賽人個體的服飾也是千姿百態，爭奇鬥艷的。由於服裝的來源地、款式、風格都不同，加上個人的偏好又迥然相異，因此，吉普賽人的服飾隨心所欲，因人而異，雖然類似，但絕不相同。吉普賽婦女偏愛色彩斑斕鮮艷的衣服，對紅、綠、黃等色彩尤其熱衷，但各人的傾向又是不同的。從一定意義上講，吉普賽人理解的「美」與個性是同義詞。

吉普賽人服飾智慧的另一重要特點就是實用。與其他生活優裕而穩定的民族不同，吉普賽人反對累贅而無實用價值的衣飾，他們的服飾智慧是與生活需要密切結合的。

一般來說，男子裝束不外乎皮靴、工裝褲或牛仔褲、夾克、短風衣和氈帽，顯得洗練有力，適於騎馬和外出打工，而

婦女則離不了花花綠綠的長裙和寬鬆襯衣。傳統的吉普賽長裙一般都有七層襯裙，既美觀大方，又保暖安全，適合於出門做生意，也適合於歌舞表演。吉普賽婦女的衣裙上縫了許多口袋，目的不是裝飾，而是用以存放財物。這些口袋代替了背包的功能，外出謀生時，只需把工具放在幾個特定的口袋裡，賺來的錢也放進衣內的口袋裡，人在錢在，萬無一失。

　　吉普賽人對服飾的實用主義態度還充分表現在對自我「形象包裝」上商業功能的認識。在從事算命等吉普賽傳統行當時，花枝招展的打扮惹人注目，富於神祕感，對招徠生意大有裨益；而有時在集市上兜售商品時，為了免遭歧視，也為了博得顧客的認同感和信任感，他們就脫去民族服裝，換上當地居民的普通衣著，操一口流利的方言，活靈活現，八面玲瓏。在這裡，生存的需要還是被推向首位。

　　金銀飾物也是吉普賽人服飾智慧的有機組成。吉普賽人的造型藝術不甚發達，這與他們生活方式的局限性有關。但是，他們獨具的想像力和靈氣在金銀飾物上卻表現得相當徹底，在歐美國家口碑甚佳。

　　近年來，奧地利、義大利、法國的一些珠寶商和首飾商紛紛打著「吉普賽」牌號，推出多種款式奇異的金銀珠寶飾品，市場情勢看好。真正的吉普賽人的服飾可謂是琳瑯滿目。男人一般喜歡在服裝上裝飾銀鈕釦，在手杖的頂部安裝銀質飾物。婦女則花樣百出，頭上有銀光閃閃的頭飾，頭巾和坎肩上嵌滿寶石和銀飾，雙耳垂著銀製大耳環，脖子上掛著金銀項圈或項鍊，也有的是晶瑩的珍珠鍊，手腕上戴著雕刻精美的銀手鐲和手鍊，也有的是用獸骨製成的；手指上戒指爛熔生輝，腳上還有叮噹作響的銀腳鐲。這些金銀飾品襯托出吉普賽女子獨具的美感，同時也是一筆個人的財富。金銀裝飾在某種意義上是富有的標誌。吉普賽人

把積累下來的地方貨幣兌換成金銀硬通貨，或打製成飾品，或貯藏起來，這無疑是一種良好的保值手段。

　　與外族相比，吉普賽人始終是貧窮的，但是，他們不甘於貧窮，不僅創造了財富，也創造了美。他們對於美的渴望有時令外族人難以思量。吉普賽婦女為了購買自己鍾愛的服裝，常常會傾囊而出，在所不惜。他們從自身的需要出發，大膽引進和借鑑他人的智慧，卻又從不迷失在他人的智慧裡，從不照搬他人的模式。這種微妙的心理把握正是吉普賽服飾成功的顯現，也是他們生存的智慧。

大雜燴與大排檔

　　吉普賽人的飲食真可謂是大雜燴，各邦菜肴、各地風味涯集一鍋，外人認為是「四不像」、「上不了抬面」，而吉普賽人卻在其中吃出樂趣，品出智慧。

　　吉普賽人的食譜極其廣泛而多變，這是由他們漂泊不定的生活所造成的。天上飛的、水裡游的、地上爬的，除了馬、狗、牛等禁忌動物以外，他們無所不吃，無所不喜。自然環境和物產決定著他們的飲食內容和規律。隨著遷徙地域的變化，他們的飲食結構也隨之改變。在印度，他們主食稻米；而到了盛產小麥的歐洲平原，他們又津津有味地吃麵食。有的部落一個季節遊蕩於阿爾卑斯山麓，飽食山珍野味，下一個季節則棲息於地中海岸邊，終日海鮮滿桌。吉普賽人中間很少有「水土不服」的說法，每到一地，他們就按照當地人的飲食習慣生活，吸收當地人的烹調技藝，與自己原有的飲食方式相結合。只用一只鍋即可完成的燉煮或澆湯，是吉普賽人最常用的烹調

方法，因為這顯然便於流動性生活。實際上，一定地域的飲食習慣包含著當地人適應自然的智慧。吉普賽人適應自然環境，先從適應飲食開始，這「大雜燴」裡蘊涵著學問和智慧。

嚴格地講，數百年來，沒有土地、沒有固定職業的吉普賽人每天都面臨著生計的威脅。漂泊使他們飽嘗飢饉的痛苦，常常只能從異族的嘴邊覓來一小碗殘羹冷飯。但是貧困也激發出智慧的異彩。吉普賽人喜歡肉食，但他們沒有錢經常性地購買昂貴的肉類，於是就把眼光投向自然死亡的動物屍體。農夫和牧民大多也知道吉普賽人的這一習慣，常常通風報信什麼地方死了家畜或者已埋到哪裡。吉普賽人聞訊，就火速趕往現場，將死動物挖出來，然後用水洗淨，放在陶罐裡，加上鹽、胡椒和水煮熟。他們把這道工序視作袪除腐氣。煮熟的肉切成絲，撒上蔥、薑、蒜等調料，回鍋烹炒，即成佳肴。這在我們看來，不免有些離譜，但吉普賽人卻從不忌諱。因為無論如何，贏得食物就是贏得生命。

為了使這種「死肉」食法合情合理化，他們還炮製了形形色色的說法為自己辯護。有一句諺語在南斯拉夫的吉普賽人中間非常流行：「神宰的牲畜比人宰的更味美可口。」在這種說法的掩護下，吉普賽人不僅填飽了肚子，而且也找到了心理上的平衡感和安全感。儘管食物也許不甚可口，但人的身心卻是愉悅的。

吉普賽人的飲食方式存在著一個基本原則：低支出，高營養。肉食在飲食結構中的高比率體現了吉普賽人對營養攝入的關注，這也是體力耗費巨大的流浪生活所必需的。而「低支出」這一原則是指儘量少花或不花錢。吉普賽人謀取食物的方式五花八門，有時打獵捕魚，有時撿拾「死肉」，也有時略施小技，從外族手裡「坑矇拐騙」。

吉普賽人最喜歡吃貓肉和刺蝟肉。這兩類美食往往是捕來的。他們把刺蝟肉視為珍饈美味，常常是盛宴上的名菜。宰殺刺蝟的方法很簡單：用金屬棍棒猛擊刺蝟的鼻樑，便可使其致命。吃刺蝟的方法也饒有趣味：一種方法是將打死的刺蝟裹上濕泥，放在燒紅的土埋中燒烤，直至泥層開裂，香氣外逸，剝去刺蝟的皮及表面的泥，便可食用；另一種方法是用開水燙死刺蝟，像拔雞毛一樣拔去刺蝟的刺，開膛後取出五臟，然後抹上調料，架在火上烤。據說，貓肉纖維較粗，吃起來有點酸；而刺蝟肉則口感甚佳，尤其是秋天的刺蝟飽食半年，準備冬眠，皮下脂肪十分豐富，用火燒烤，直往外冒油，確是一道美味佳肴。

飲食衛生也是吉普賽人「吃的智慧」重要的組成部分。「潔淨」在他們的飲食文化中是一個基本詞彙。他們不僅排斥任何不潔的食物，而且拒絕一切有悖於禁忌習俗的食品。病從口入，這一點早已達成共識。許多外來者都無法適應吉普賽人的飲食口味，嫌蔥蒜薑和其他香料放得太多，卻不知道這是吉普賽人在殺菌防病，保証飲食衛生。吉普賽人平日基本上是禁酒的，只有節日裡才開懷暢飲。因為他們明白，經常性的過量飲酒是傷身害體的。

食療是飲食衛生觀念的開拓性延伸。吉普賽人「遍食百味」的大雜燴智慧與「遍嘗百草」的醫藥智慧相結合，便形成了行之有效的食療智慧。

不吃馬肉的民族

有兩種食物是吉普賽人絕對禁止食用的：馬肉和狗肉。馬

和狗是吉普賽人的忠實助手，是他們流浪生涯不可或缺的伙伴；吉普賽人特殊的生活方式離不開這兩種動物。愛護這兩種動物，並進而升格為崇拜和禁忌，這實際上反映了吉普賽人對自己生存狀態的高度關注。

吉普賽人生活方式的基本特點是流動性強。馬和狗這兩種馴良且耐力持久的奔跑型動物是非常吻合流浪民族的生活需要的。馬在吉普賽人的生活中具有特殊意義，沒有馬，大篷車便無法遠行，吉普賽人便失去了生存的依據。在吉普賽人的古老觀念裡，固守一地意味著民族的消亡。因此，馬給予吉普賽人的不僅是運輸的動力，而且是整個民族生存的力量和信念。

狗的貢獻也同樣如此。狗在吉普賽部落生活中擔負著警戒任務，為吉普賽人提供生存的安全保障，同時在打獵、傳遞信息、馬戰表演等方面也有特殊的表現。毫無疑問，安全是生存和發展的前提，因此，吉普賽人對狗的感情寄寓著對自我生活的考慮。

在歐洲民間，吉普賽人餵養、訓練這兩種動物的獨到方法一直為人們所津津樂道，並且曾經培育出不少優良品種。尤其對於馬，吉普賽人養馬、馴馬、相馬、販馬、醫馬等等「馬術」是處於絕對領先地位的。

鑑於這兩種動物在吉普賽人生活中扮演著重要角色，因此，食用馬肉和狗肉將被視為是觸犯吉普賽法律的嚴重犯罪行為。在吉普賽人心目中，這兩種動物已經上升為崇拜物。馬被認為是最潔淨的動物。「潔淨」一詞在吉普賽語中是對某一事物的最高肯定，帶有一定的宗教色彩。蘇格蘭吉普賽人的舊式婚禮還有一匹死馬出席。有人認為這和印度古老的吠陀儀式有關。在吠陀儀式中，為了祈禱國家五穀豐登，新婚的王后必須躺在剛剛死去、作為祭祀用的馬身邊，在毯子的覆蓋下模擬性

生活。吉普賽人歷經如此漫長的跋涉，仍能堅持這一習俗，說明了馬的一種崇拜情結。在吉普賽人的世界裡，馬是永恆奔走的象徵，是忍受鞭笞而默默生存的象徵，而這又正是吉普賽民族的性格和理想。

除了馬和狗以外，牛在印度的吉普賽人中間也具有聖潔的含義。他們把某些具有怪異特徵的牛奉若神明，不能宰殺，也不能用於耕田耙地、推磨碾米。這些牛身披特製的繡花紅綢，頭戴銅鈴，腳繫銅鏈。當吉普賽人舉族遷移時，這頭牛總是走在隊伍最前面，昂首信步，高貴傲慢。旅途中，只要這頭牛一停下來，全部隨行人員和家畜都得停下，圍著它搭起帳篷。如果這頭牛一停就是幾天，那麼，全體人畜也得奉陪到底；但只要牛一動，人們就會迅速收拾行裝，跟著它繼續前進，直至旅途的終點。

今天，這些歐美國家的吉普賽人已經不再使用馬拉的大篷車，而是開起大型豪華汽車，陪伴這個民族數百年的馬已經悄悄地退出了生活舞台。同樣，嗡嗡作響的電子警報器也代替了狂吠不已的狗。但是，吉普賽人仍然拒絕食用這兩種動物。在食不裹腹、衣不蔽體的昔日，他們信守這一點，在豐衣足食的今天，他們仍然捍衛著古老的傳統。這裡傳達著一種生存智慧：肯定這兩種動物是神聖的，也就是確認自己的流浪生活是神聖的。

吉普賽人的傳播智慧

吉普賽人散居和流動於各個不同的地域，然而他們又在無形之中整合成一個盤根錯節的整體。維繫這種奇妙整合之方式

的便是吉普賽人的傳播智慧。

有一個詞在羅姆語中極為常用：「帕特倫」（patteran或patrin）。意思是「標誌」。這是吉普賽人傳播智慧的核心詞。這種「標誌」可以是一個象徵圖案，也可以是任意的物品，如木片、稻草、樹枝、各色布條等。一件物品一旦被充當標誌，也就被賦予了一定的信息量，賦予了某種意蘊和指向性。傳者在一定地點安放標誌，就完成了傳播的「編碼」過程；受者看見這一標誌，領會其中內涵，也就完成了「解碼」過程。當然，「信息碼」只有在吉普賽人中間才能通用。吉普賽人之間的溝通正是在這無數「編碼──解碼」的過程中來進行的。

每一個吉普賽部落都擁有特定的標誌，有的是動植物，也有的是傳說人物。這種標誌具有一定的圖騰崇拜意義，具有一種精神感召力和向心力，而更主要的功能則是傳遞信息。在部落的旅行途中，凡是經過岔路口，壓陣的吉普賽人都會在顯眼的地方安上部落的標誌，告訴後來者自己的去向。這樣，在一定的活動區域之內，幾個部落都能相互了解彼此的流浪方向，便於保持熱線聯絡。

方向標誌是使用得最為廣泛的。一般在部落標誌旁，人們都會看見一個「十」字架，較長的一端所指的方向就是該部落的去向。有時，小家族或家庭遷徙，也用木條、布條或一小綑稻草代替「十」字。在某些場合，特定的標誌還傳達著其他相關的信息。例如，彎曲的木條代表前面的流浪者是徒步旅行；直木條代表大篷車旅行；一把細樹枝、一束石南草或者一簇荊石代表遠去的家庭有一大群孩子等等。

外族人是無法介入吉普賽人的傳播過程的，甚至根本不能發現這些標誌。而吉普賽人不僅觀察敏銳，而且僅憑直覺和默

契，就能迅速找到路途上的標誌；有時還能讀出先行者何時離開此地，進而推算出他們已走多遠，何時才能趕上他們。

標誌也是一種語言的表達方式。許多部落和家族都擁有自己獨立的標誌符號系統，在需要保守祕密時，他們就使用這套「黑話」，其他吉普賽人是無法破解的。同時，這種祕密語更新起來也簡便，一旦洩露，只需部落裡互相通氣，替換若干標誌即可。

部落頭領召集會議，常常也用標誌傳播的方法。首先，頭領選用特定的標誌組合，將時間、地點、要求等信息碼編入，然後在各大主要道口和集鎮四處懸掛。各家族的吉普賽人一旦看見這樣的標誌，便火速回家稟告長老。吉普賽人就是用這樣一種原始而高效的方式傳遞著信息，其原理與現代的傳播手段是一致的。

對於吉普賽人來說，一盤散沙的生存狀態也就意味著民族的毀滅，因為彼此失去支持和依賴，被異族孤立成一個個沒有任何信息往來的個體，注定是要遭到同化的。擁有信息傳輸，也就擁有了一種「群」的感覺，一種生機和希望。

吉普賽人標誌語言的傳播存在著兩個智慧點：

其一，他們在生存實踐中自發地創造和完善著一套傳播體系，並且在某一區域的吉普賽社會努力達到統一，傳者和受者都恪守早已確認的約定，不把主觀意見強加進去，共同維護傳播的有效性。

其二，他們把這套傳播法則通過代際交流傳遞下去，使其具有不斷延續的生命力。吉普賽父母在孩子懂事後，都會教他們識別和製作形形色色的寓意標誌。

吉普賽人的傳播智慧還體現在他們不僅關注有意傳播，而且非常警覺地觀察各種無意傳播。所謂無意傳播，就是傳者在

無意識中留下的種種跡象。吉普賽人熟悉動物的習性，他們從路邊的馬糞、牛糞上，可以了解前面的大篷車隊的去向、離開時間，以及附近是否有優良的草場。又比如：在一座廢棄的帳篷裡，他們從地上的灰燼，可以判斷同伴們走了多久；從草堆的面積，可以看出有多少人曾在此睡覺；從轍痕，可以知道是哪種類型的大篷車；不一而足。可見，無意傳播也能提供各種線索，關鍵則在於受者破解的智慧度。

Chapter 3
凝聚民族的無形網絡

群族：智慧的搖籃與歸宿

　　在每一個吉普賽人眼裡，群族生活象徵著一種絕對的權利和價值，包容著一個人全部的生存意義。人世間沒有什麼比同伴、家庭、部族這些充滿溫馨的事物更為重要的了，也沒有任何障礙能夠阻擋久別的親友重新歡聚。在吉普賽人的刑罰中，永久性驅逐是最高的處罰。脫離吉普賽社會，一個人就喪失了生命中最可寶貴的人倫和人格的依傍。一個被孤立的吉普賽人，生存的價值幾乎等於零。

　　吉普賽人永遠是「集團軍」征戰的。沒有任何一個學者曾記載過一個「單兵作戰」、獨立活動的吉普賽人。群族生活首先是現實生存的需要，進而升格為一種牢不可破的價值觀念。吉普賽人沒有土地，他們是永恆的異鄉人。吉普賽人沒有國的概念，但他們擁有家的溫情、甜美和幸福。在一個幼小的吉普賽人邁向成熟的生命旅程之中，群族觀念就被當作不容動搖的看念而反覆灌輸。「團結」是吉普賽理想的基本準則之一，並

由此引申出一系列吉普賽人歷來倡導的美德和義務：互助、互惠、平等、無私等。這種對群體的維護事實上也正是吉普賽民族生生不息的源泉。人的價值和意義終究是在一定的社會關係中才得以確立和發展的。

今天，即使是在推崇個人奮鬥的西方工商業社會，人們也開始認識到「群」這一概念的決定性影響。著名的公共關係專家卡耐基曾指出：一個人的成功，十五％是源於聰明，八五％是源於人際關係。公共關係學的興盛正是由於現代文明把人類在另一個更高層次上彼此密切溝通起來，群體意識、團隊精神日益受到關注。而吉普賽人在這一方面的智慧是傑出的。

吉普賽人通常是大家庭，一家有六、七個孩子並非罕見。在父系制已經確立的部落，吉普賽人的原型家庭由夫婦、兒女和至少一個已婚的兒子及其妻小組成。婚後，年輕夫婦同男方父母共同生活，新娘要學會婆家的規矩。理想的情況是，兄長準備從父母家分居出去時，弟弟已準備結婚，將同新娘住進家中。原型家庭又可稱為核、心家庭，是部族穩定的基本因素。文化人類學家喬治·彼得·默多克發現二百五十個不同社會都存在著形形色色的核心家庭。他在《社會結構》一書中指出：「核心家庭在性生活、生育、教化和經濟分工方面具有極為重要的效用。」❶核心家庭的健全與和合直接影響到大群體的牢固性。

吉普賽人的核心家庭追求和睦。老人在吉普賽家庭受到充分的尊重和細緻的關懷。在關鍵問題上，年長者擁有第一發言權。按照米德的觀點，吉普賽文化應當屬於典型的「前喻文

---

❶　喬治·彼得·默多克：《社會結構》，英文版，麥克米倫出版社，一九四九年。

化」，即偏重於年輕人向老年人學習；老人的經驗和思路是整個家庭的財富。正因為這樣，遺棄老人的惡劣行徑在吉普賽世界是不可想像的。吉普賽人多為多子女家庭，尊老愛幼是沿襲至今的優秀傳統。讓每個人享受大家庭的溫暖，讓他人享受自己的情感付出，這是洋溢在吉普賽人心靈深處最美的情懷、最真的誓言。

　　吉普賽人的社團結合得異常緊密。儘管在地理分布上很分散，然而，他們仍然千方百計地互相聯絡，甚至自然而然地把同姓的人看作親戚。在部落和家族內部，成員間的血緣和利益紐帶則更加牢固。吉普賽社會的安全和福利不依賴於異族政府，也不乞求於慈善機關，而是靠自身大家庭成員的相互體恤和關懷。吉普賽人對群族生活的絕對信奉也是長期以來深受外部世界的歧視、排斥和迫害而造成的。非吉普賽人由於存在著歷史的偏見，他們不願與吉普賽人為鄰，把吉普賽人從他們的生活區域內排擠出去。同時，屢見不鮮的血腥迫害也迫使吉普賽人團結起來。在吉普賽人的觀念中，當生存的威脅來臨時，一體化的群族是自我保護的堅實堡壘。

　　吉普賽人集體至上的觀念和集團行動的行事方式至今仍頑強地延續著。一個人在外地找到工作，整個家庭乃至家族都會遷往該處。同時，婚喪大事在吉普賽人的生活中具有極為重要的地位；每遇親友的紅白事，無論多遠，他們都會舉族前往參加，以表示對親友的一片真摯情誼。同樣，宗教祭典也往往牽動著整個部落或家族吉普賽人的虔誠之心；他們傾巢出動，踏上漫漫的朝聖旅程。有時，當危險來臨，弱小的部族自知難以抵擋時，他們也會舉族遠遁異地，躲避風險。

　　數年前，居住於美國奧勒岡州沙蘭市平房區的一位吉普賽人遭劫致傷，為了避免遭受更大的人財損失，整個住宅區的吉

普賽人迅速銷聲匿跡，遷往另一城市避難，半年後才全數回歸故里。吉普賽人的這種行事方式在外人看來也許是古怪的、不講求效率的，但是，這畢竟是吉普賽人生活中不可分割的部分。

西方文學作品中曾有過許多以美麗聰慧的吉普賽女郎為主角的纏綿徘惻的愛情故事。這類故事的敘述在漸入佳境時，常常會擺出這樣一種兩難選擇：要嘛拋棄群族生活，隨異族美男子私奔；要嘛割捨愛情，與吉普賽同伴廝守一輩子。歷史上也確實出現過這樣的真實故事。這類故事的演進模式往往是經過悲喜交加的愛情糾葛之後，群族至上的理念終於占據上峰；異族的「白馬王子」加入吉普賽人的行列，伴著可愛的心上人踏上漂泊的旅程，把愛情的甜美與群族的智慧融為一體。

西班牙文學大師塞萬提斯曾著有一部題為《吉普賽姑娘》的小說，描寫了吉普賽少女普烈西奧莎與西班牙貴族少年安德烈斯有情人終成眷屬的故事。

普烈西奧莎明眸善睞，能歌善舞，深深地迷住了多情公子安德烈斯。一天早晨，普烈西奧莎和一群吉普賽婦女一同前往馬德里，在一個幽靜的小山谷裡，看見衣著華麗的安德烈斯正迎候著她。安德烈斯向意中人直截了當地表白了愛慕之心，希望能娶她為妻。十五歲的普烈西奧莎坐懷不亂，侃侃而談：「首先，我必須知道你是否就是你自己所說的那種人。這件事証實以後，你還必須離開你的雙親，住在我們的營寨，穿上吉普賽人的服裝，在我們的學校裡學習兩年；在此期間，我與你彼此都要能使對方滿意。兩年以後，如果你滿意我，我也滿意你，我就將成為你的妻子。如果你同意我所提的這些條件，成為我們隊伍中的一員，你就有可能得到一切；若是有一條沒履行，你就別想碰我一個手指頭。」

痴情的安德烈斯最終走進了吉普賽人的流浪行列，美滿的姻緣在歷經曲折和驚險之後終於締結。我們可以發現，在這一故事模式之中，吉普賽人的群族意識是潛在的決定力量。

　　吉普賽民間傳說中還有這樣一則故事：一支流浪於特蘭西瓦利亞的吉普賽部落有一天來到一位大公的領地上過夜。富有的大公愛上美貌的吉普賽少女朱麗克娜，邀請她去自己豪華的宮殿作客。臨行前，母親給女兒講了一個充滿暗示的故事。從前也有個叫朱麗克娜的吉普賽姑娘被一個大公愛上了，可姑娘對大公說：「假如你是吉普賽人，我便可以屬於你。錢，我不需要。」說完這句話，她就回到部落裡。不久，一個吉普賽小伙子向她求婚，她就嫁給了他，一直到現在仍然真誠相愛，幸福無比。然而，懵懵懂懂的女兒並未理解母親的喻意，最終還是答應同大公成婚。幾天後，在大公城堡外的綠草地上，按照吉普賽人的習俗，舉行了熱鬧的婚禮。隨後，吉普賽部落又繼續向遠方遊蕩。伙伴們一走，新娘朱麗克娜就愁容滿面，日漸消瘦。為了找回當初大家庭生活的溫馨記憶，朱麗克娜決定親自下廚做吉普賽烙餅來招待大公的朋友們。吉普賽的傳統手藝喚醒了朱麗克娜內心深處塵封的信念，她驀然間頓悟了母親的預言。就在觥籌交錯的宴席上，她失蹤了。有人說，她在遙遠的多瑙河彼岸追上了親愛的部落。

　　傳說與小說情節不同，但殊途同歸：群族是吉普賽人和一切熱愛吉普賽之人的歸宿和搖籃。迎著寒冬的風雪和酷暑的驕陽，承受冷漠、虐待和不公正，吉普賽人手挽手跨過高山和海洋，踏遍世界每一個角落。他們是孤獨的，然而他們又是無限富有、充實和幸福的。個人的智慧源自於群體的力量，生命中還有什麼比這種真誠的情感和忠誠更令人感動的呢？

反腐敗的行政智慧

　　家族是吉普賽人永恆的港灣，也是吉普賽智慧之果實孕育成熟的溫室。家族男首領「沃爾沃德」憑藉著自我的人格魅力，展示著崇高的吉普賽理想，成為吉普賽人的精神領袖。為了防止家族內部可能出現的腐敗現象，吉普賽人建立了兩套行之有效的權力制衡機制，從而形成了一系列抵制腐敗的行政智慧。

　　吉普賽人是一個集體意識異常濃厚的民族。任何一個特定的吉普賽人總是以其特定的吉普賽家族成員的身分出現。家族是吉普賽人的基本社會單位，一般由幾個到三十來個家族組成，是一種擴展性的「家庭同構體」。為了便於長途旅行，也因為在某些國家他們被禁止成幫結伙地遷徙，流浪的吉普賽家族也常常發揮靈活多變的適應能力，分成幾個小集團，多頭出擊，遙相呼應。

　　這種吉普賽家族在羅姆語中稱為「維特薩」（Vitsa）。每個家族都推選出一男一女兩位地位並列的首領，男稱「沃爾沃德」（Voivode），女稱「弗里達依」（Phuridai）。這兩位首領並非封建意義上的君主，而是一種實實在在的精神領袖和「人民公僕」。

　　在不少有關吉普賽人的英語著作中，用於描述吉普賽人社會單位的詞彙，如tribe、band、clan、group等，都是含義模糊的。這反映了外部世界對吉普賽王國的認識尚處於混沌狀態。在早期的歷史文獻中，那些假扮成埃及「公爵」、「伯爵」的人其實就是吉普賽家族的首領。「沃爾沃德」是吉普賽理想的人格化體現，必須由德高望重的成年男子擔任。他掌握家族事務的裁決權和法規的解釋權。擔任這一首領的最基本要求和能

力是能為自己的女兒商定滿意的聘禮；然後才要求他能善於運用智慧和威信安排族內的婚姻大事，解決爭端，並能機智地同外族人做生意；在重要場合，代表全家族出面，與當地政府進行交涉。當然，最關鍵的是要絕對遵循和竭力弘揚吉普賽傳統。普遍流傳的「吉普賽王」這一故事性的角色無疑是源自於「維特薩」首領的原型。

　　吉普賽的「維特薩」很明顯帶有氏族公社的痕跡。「沃爾沃德」一般來自名聲顯赫、功績卓著的吉普賽家庭。他有時是由家族成員直接選舉產生的，有時是由長老會間接推舉的，也有時是經長老會長期考察而任命的。選舉「沃爾沃德」是吉普賽家族生活中的一件大事，因為它決定了一個流浪家族的前途和命運，故而對道德和才能的審查極其苛求。「沃爾沃德」的角色是服務型的，而非統治型的，他的絕對權威來自於自我的奉獻。

　　「沃爾沃德」的領導權不是世襲的，除非現任首領的後代異常出色，但這也必須經過公眾的確認和推舉。吉普賽人努力排除血緣關係對政治生活的影響，防止權力的濫用和變異。「沃爾沃德」毫無特權可言，日常生活起居與家族成員並無二致，唯一值得驕傲的只是至高無上的社會地位。每個家族的首領權限並不相同，完全依據家族大小、傳統習俗和居住地的社會環境而定。

　　「沃爾沃德」首先必須是家族傳統的強有力捍衛者，是吉普賽信仰的化身。他的存在把整個家族召喚和凝聚於一體，同時也為其他成員提供了仿效的典範形象。從這個意義上講，他是一個吉普賽部落的「文化英雄」，抽象的文化理念在他的行為方式中得以淋漓盡致地展現。他在精神上則是完全征服所有的家族成員。

「沃爾沃德」主持家族的各項活動。比如，他決定家族的流浪遷徙路線，大規模的開拔事先不經他的首肯是不可想像的；他掌管家族的財務，審核開支，製造預算；他主持宗教祭祀，對教義、教規擁有獨一無二的解釋權；他確認族內的婚姻狀況，凡是經過他點頭的婚姻都是「合法」的；他負責對外聯絡和公關工作，是名副其實的「官方發言人」和「對外經濟貿易部長」。「沃爾沃德」必須盡心盡力地為全家族服務，完全拋開私利，以家族的榮耀和幸福為追求的目標。

　　「絕對的權力導致絕對的腐敗。」這是政治學的基本信條。將政治的開明和穩定完全寄託於當權者的道德水準是危險和盲目的，只有依靠權力的制衡和扶制的完善，才可能使社會結構趨於健康。吉普賽領導階層的權力制衡機制有兩類：

　　一是用權力制衡權力。吉普賽家族內還存在著長老會和女首領「弗里達依」這兩股勢力，三者之間相互牽制，相互制約，保持權力在有限度的範圍內合理而平衡地使用。長老會是由閱歷豐富、品格高尚、深孚眾望的老人組成，在重要場合古子有最高裁決權，並且能彈劾和罷免不稱職的「沃爾沃德」；在某種意義上，他們既是「沃爾沃德」的智囊團，又是幕後的決策者，「沃爾沃德」有時僅僅是政策的執行者而已。「弗里達依」的地位與「沃爾沃德」等同，只是職能略有不同。她在許多族內事物上擁有發言權，並且負責監察包括「沃爾沃德」在內的全體家族成員的行為。在重大問題上，「沃爾沃德」要向長老會和「弗里達依」諮詢，共同協商對策。「沃爾沃德」是心臟，但不可能為所欲為；如果沒有長老會和「弗里達依」供血，他就毫無作用可言。

　　二是讓權利制衡權力。「沃爾沃德」的決策行為必須對家族成員負責，重大問題的決策過程還必須對公眾完全公開，有

時還需提交大家進行民主討論。所有家族成員都有權了解和參與族內事物，有權對「沃爾沃德」的決策行為提出質疑。這種公眾的基本權利構成一種寬泛的權力制衡。「沃爾沃德」的職位並不是終身制的，優柔寡斷或決策失敗的首領會被更有能力和事業心的人取代。有時候，一個「維特薩」內的若干家庭也會拋棄原來的「沃爾沃德」，加入另一個更有威信的宗族。類似的首領制度在其他弱小民族中也存在。文化人類學家羅伯特・登坦曾對這樣的「頭人」作出如下論述：「頭人以安撫的辦法而不是高壓強制的辦法來維持和平與安寧。他本人必須是受人尊敬的，否則人民會離開他到別的地方或逐漸地不理睬他。」「一個好頭人總是用很多時間去估計他的人民對某一問題的看法，並以此為根據，作出自己的決定。因此，與其說他單獨作出決定，還不如說他是公眾輿論的代言人。」克勞德・列維—斯特勞斯也曾分析：「首領無論在明確規定的權力範圍還是在公眾承認的職權範圍內，都不可能得到更多支持。只要有一、兩個人反對，就足以推翻首領的整個計畫。若出現這樣的事，首領沒有權力強迫別人服從他。如果其他所有的人都一致同意他的意見，他才能擺脫反對者的干擾。」❷

　　除了權力制衡以外，吉普賽人的法治觀念也非常強烈。吉普賽家族和部落中存在著小而全的立法、司法、執法機制。「克里斯」（kris）便是這樣一個強有力的法制組織。首領的行動同樣必須限定在法律的許可範圍之內。長老會和「弗里達依」的權力制衡也是以習慣法為依據和出發點的。這一系列措施的運用並不意味著對「沃爾沃德」的不信任態度，而主要是

---

❷　馬文・哈里斯：《文化人類學》，李培茉、高地譯，第一一〇五～二〇六頁。

為了減少人治因素，確保領導權的健康使用。

女性智慧與「女權主義」

女性在吉普賽社會具有舉足輕重的影響力和支配作用。在無盡的漂泊生涯裡，吉普賽婦女用辛勤的汗水和無可爭辯的智慧換取了男性世界的尊重和理解，以至於今天某些吉普賽部落還殘存著「從妻居」的母權制遺痕。族內平等、男女平等，使吉普賽部族走向繁盛，而這種殘存的古老習俗在現世生活中的運用本身也體現出吉普賽人的智慧。

今天的吉普賽家庭是世俗意義上的父系制家庭。在外族的眼裡，成年的吉普賽男子是一家之主，說一不二，全盤處理一切涉外活動，婦女則在家料理家務，生兒育女，撫養後代。「男主外，女主內」的家庭模式似乎足以涵蓋吉普賽人的日常生活狀態。但事實並非如此。正如許多有關吉普賽人生活的紀實報告所描述的那樣，吉普賽婦女在社會生活中占據相當重要的地位。她們身上沒有外族婦女在傳統的男子中心主義社會中所表現出的依附性；在關鍵的場合，她們所擁有的權威和影響力甚至能決定一個吉普賽群體的命運。

吉普賽婦女在社會生活中的巨大影響力並非源於丈夫的恩典和寬容，並非父權、夫權陰影下頑強反抗的精神碩果，而是一種深層的價值觀，一種歷經長期苦難生活之洗禮而達成的價值契約。這一現實存在雖然無可避免地帶有母系社會的遺痕，但更多的則是在生活磨礪中確立起來的女性的尊嚴和威信。吉普賽民族是充滿浪漫情趣的，但又是現實的。他們不像外族那樣擁有維持生計的完善的社會機制，不像定居者那樣擁有穩定

的生產手段和生活來源，他們每天面對的始終是最原始、最基本的生存問題。誰能成功地應付衣食住行的困境，誰能勇敢地挑起部族生活的重擔，誰就在吉普賽群體中擁有無可爭辯的發言權和立足之地。一個吉普賽人的社會價值是以生存能力為衡量標準的。吉普賽婦女不愧為生活中的能者和強者。正如她們自己所言：「神沒有賜給我們工作場所，但為了養活孩子，我們只有憑自己的雙手和能說會道的口才。」

除了打鐵等重體力活之外，吉普賽婦女幾乎參與了所有繁複的謀生手段。她們機警乖巧，巧舌如簧，擅長替人占卜吉凶，儘管有許多人明知道這是些蠱惑人心的騙人把戲，但是她們的魅力和智謀卻始終吸引著眾多單純而好奇的人們，吸引著那些明了事理的人一次次心甘情願地坐在折光四射的水晶球前，傾聽她們娓娓動聽的敘說。吉普賽人的歌舞藝術久負盛名，歷史上曾有不少吉普賽藝人技藝超群，出入宮闈，深受青睞；當然更多的則是沿街賣藝。毫無疑問，這些街頭藝術家大多是由婦女唱主角的。

直至今日，當旅遊業蓬勃興起，西班牙格拉納達地區的眾多民間吉普賽歌舞團也多為女子樂隊。同時，吉普賽婦女的社會作用是與家庭手工業的延續密切相關的，技巧型的家庭手工業歷來是吉普賽婦女的強項。由於家庭手工業在吉普賽社會生產中占據著主導地位，因而婦女自然也就成為社會生活的重要決策力量。在產銷一體的吉普賽家庭，婦女往往掌管著家庭的經濟命脈。男子在家生產形形色色的手工製品，而婦女則直接進入市場，負責推銷，盡最大可能使資金迅速回籠。在以市場為導向的吉普賽經濟生活中，處於銷售環節的吉普賽婦女不僅需要擁有別具一格的營銷能力，而且必須能敏銳捕捉市場信息，反饋供求態勢，進而影響產品結構的調整。婦女還精心調

配著家庭的日常生活開支。為了增加家庭收益，她們一面安頓子女，一面四處奔波，用汗水和智慧換取每一份應得的利益。為了維持家庭的長遠生計，她們精打細算，開源節流，讓每一分錢發揮最大的效益。當家庭開支面臨窘境，走投無路時，她們還必須擔負起街頭行乞的任務。男人們是不願意在這種尷尬的場合拋頭露面的，而吉普賽婦女則無所顧忌，坦然率直。

新加坡作家尤今曾在遊記中記述在祕魯、東歐等地路遇吉普賽婦女理直氣壯乞討的情狀。對於這些吉普賽婦女而言，她們並不是不知道「羞恥」二字，她們同樣渴望體面而優裕的生活，但是，當現在的社會生產方式與她們古老的經濟活動發生矛盾，當主流文化的定居生活方式與她們的流浪習俗產生衝突，吉普賽人的世界成為被現代文明遺忘的角落時，吉普賽婦女被迫放棄延續已久的生活模式，走上繁華的街市，犧牲「面子」，換回生存的依靠。在她們的心中，種族的生存和發展是第一位的，個人的利益居其次；在種族的繁榮面前，一切個人的付出都是合理的。這正是吉普賽婦女的可貴之處。

在吉普賽家族中，男女的地位應該說是平等的。婦女主動承擔了生活的重荷，積極投身到社會經濟運轉之中。經濟生活的平等決定了觀念的平等。「女權主義」實質上是男性中心主義社會的特有現象，是對男性集權和性別歧視的一種逆反。隨著吉普賽人與外界交往的擴大和加深，外族父系社會的生活模式也深刻影響著吉普賽人的行為方式，男子的社會作用似乎遠遠大於女子。但是，父系社會絕不等於男性中心主義社會，吉普賽婦女的權力和權利是得到充分尊重和肯定的。正是由於這種生存的平等，才使吉普賽民族走向繁榮；也正是由於這種心靈的平等，才使吉普賽家庭保持和諧與完美。

吉普賽人的「女權」曾在婚姻、財產繼承等家庭生活問題

上具有相當顯著的表現。

　　十九世紀，當英國神父喬治・保羅（George Borrow）尋訪吉普賽部落時，他發現吉普賽男子婚後大多從妻居。這一習俗今天仍有相當市場。在與外族男子的聯姻問題上，吉普賽人堅決主張外族男子不僅要完全遵從吉普賽人的生活方式和信仰，而且必須入贅吉普賽部落。這當然是維護吉普賽人群體穩固凝聚的一種措施，但也折射出傳統母權制的一縷微光。

　　「從妻居」這一文化現象在喬治・保羅的筆下曾有極其細緻的描述。保羅與一位名叫杰斯帕・派特林格羅的吉普賽頭領非常熟識。這位有趣的派特林格羅先生身世複雜。他同另一位名叫約翰・切爾庫特的吉普賽頭領共同領導著一個龐大而緊密的吉普賽群體。他們曾長期浪跡於英國的東安格利一帶，從事販馬等營生，知名度甚高。派特林格羅有四個姐妹：蕊妮、伊麗莎白、麗蒂和普羅登斯；切爾庫特有四個女兒：尤妮恩、卡羅琳、佛羅倫斯和淑瑞。當這八個女孩結婚時，她們並沒有離開娘家，而是「守株待兔」，每回都是英俊的吉普賽小伙子加入她們的部落，與她們一起生活，共同旅行。派特林格羅和切爾庫特的吉普賽部族是非常典型的母權制社會體。

　　無獨有偶，當時在東安格利郡還有一支吉普賽部落在四處流浪。這支部落同派特林格羅的部落存在著密切的血緣關係，它的老祖宗安伯羅斯・史密斯是派特林格羅的伯父。史密斯同密蕊麗・杜帕成婚，生下五個聰明伶俐的千金：奧納、菲米、瑞歇爾、摩爾和艾撒麗。他們還育有三個兒子。最後，三個兒子愛上其他部落的女子，遠走他鄉，重組家庭，而五個女兒卻先後將誠實能幹的夫婿招進家門。安伯羅斯・史密斯後來年事漸高，老眼昏花，不理政事，奧納的丈夫弗蘭克・史密斯和菲米的丈夫桑普森・羅賓遜開始登台執政。但喬治・保羅仍發

現，真正的掌權者其實是「垂簾聽政」的密蕊麗‧杜帕。母權制的威力是深入吉普賽社會肌體之內的。

「從妻居」的例子在吉普賽歷史上是極其多見的。菲茨杰拉德也曾提到當時住在威爾士的一對吉普賽夫婦。他們育有兩個兒子和八個女兒。同上述情形一樣，無一例外，兩個兒子為了愛情，不遠萬里，「遠嫁」異地，而八個女兒卻紛紛「娶」來了如意郎君。八個小家庭生兒育女，老夫婦子孫滿堂，享盡天倫之樂。菲茨杰拉德還分析英國南部鄉村的吉普賽流浪群體。這些孤立的部落同其他地域的吉普賽人聯繫甚少，並且與當地人頻繁通婚；但是，母權制的婚姻規則仍然在幕後導演著人間的一幕幕歡樂頌歌。

吉普賽婦女的權威地位通過這一獨特的婚姻方式體現出來，而這種聯姻又強化了婦女的社會作用。當然，這種外來人視作奇風異俗的生活方式本身就是吉普賽婦女頑強謀生、開創幸福的真實寫照。

「弗里達依」的家政智慧

「弗里達依」是吉普賽家族生活中的特殊角色。她是一位傑出的女首領，也是一位深受愛戴的老母親。她主持和協調家族內部的日常事物，經年累月，兢兢業業，井井有條，令人歎服。「弗里達依」從不對外拋頭露面，把社交場合的榮耀讓給「沃爾沃德」，自己則專心一意、默默無聞地奉獻熱忱和摯愛。其為人處事的家政藝術和智慧是吉普賽人的寶貴財富。

「弗里達依」制的存在既是母系氏族的遺痕，又是吉普賽婦女全面參與社會活動的產物。隨著時代的變遷，吉普賽人也

逐漸由母權制向父系制過渡，因此，「弗里達依」的地位也有所變化。在有些吉普賽家族中，「弗里達依」與「沃爾沃德」共同執政，而有些則處於輔佐地位。

「沃爾沃德」和「弗里達依」的關係並不一定都是夫妻。「弗里達依」總是家族內年長而又有威望的婦女，她溫和親切，寬容大度，又極講求原則，同「沃爾沃德」冷峻嚴肅的面目構成一種反差和互補。「弗里達依」一般是由家族成員推舉的，也有的是由執政的「沃爾沃德」挑選任命的。

如果說「沃爾沃德」承擔了所有對外事物，那麼，「弗里達依」則偏重於族內事物的管理；如果說「沃爾沃德」是用父性的威嚴來凝聚整個家族，那麼，「弗里達依」則是用母性的溫柔和慈愛融化所有隔閡與爭端；如果說「沃爾沃德」是通過「官方」的途徑維護吉普賽的道德理想，那麼，「弗里達依」則是在瑣碎的日常生活細節中監察和糾正眾人言行的道德偏失。「弗里達依」在公開場合並不露面，但在處理家族內部問題上，她的手段和力量常常是「沃爾沃德」難以企及的。「弗里達依」是完全獨立的，她絕不依附於「沃爾沃德」。即使是一對恩愛夫妻，在進入工作狀態之後，「弗里達依」也表現出自主的心態，不會盲從地夫唱婦隨。

「弗里達依」的獨立性對於「沃爾沃德」構成了一種制衡。「沃爾沃德」的職權行使要受到「弗里達依」的監督和制約；一旦發現違法現象，「弗里達依」會同長老會協商，彈劾最高首領。當然，「弗里達依」並不是始終站在「沃爾沃德」的對立面。在多數場合，「弗里達依」通常都順從和執行「沃爾沃德」的決策，並且把他視為思想源泉和精神支柱。但即使在這種情況下，「弗里達依」仍時刻保持著清醒的頭腦，判斷和分析是非曲直，維護家族的穩定與發展。

「弗里達依」在羅姆語中是「老母親」的意思。在一些實行父系制的吉普賽家族，「弗里達依」代表著婦女和兒童的利益，是他們忠實的代言人。當家族的決策有損於婦幼利益或帶有歧視嫌疑時，「弗里達依」會毫不猶豫地站出來爭辯。因此，在涉及婦幼利益的問題上，「沃爾沃德」一般都會主動向「弗里達依」諮詢。

　　「弗里達依」所擁有的權力和影響力是廣大婦女自身努力的結果。吉普賽婦女在經濟生活上從不依賴於男性。菲茨杰拉德曾論述，在一些英國的吉普賽家族中，婦女承擔了大多數謀生工作，有時她們賺錢比男子還多，是家族的主要經濟支柱。一位吉普賽少婦告訴台灣記者：「我們賣古董、罐子、衣服。有些女人甚至還會上工廠打短工。我們分享我們所有的一切──不論是錢還是食物。每家自己煮食，但我們全在一起吃。女人料理一日三餐和照料孩子‥！男人是不管孩子的，那是女人的事。」❸妻子掙錢回家，掏出錢交給丈夫，丈夫點過，重新交還妻子，說一聲：「收起來吧！」於是，妻子便把錢存在衣服口袋裡。吉普賽婦女掌管著家庭的「錢袋子」，丈夫有花錢意向時，妻子都會細細推敲，精打細算。在家族層面上，「沃爾沃德」的財務開支也常常經過「弗里達依」的審核。吉普賽婦女在經濟生活中的重要地位決定了她們在家族事物中扮演的特殊角色。她們常引用外族的一句俗語：「誰掏錢，誰點歌。」意思是有錢就有發言權。事實也基本如此。菲茨杰拉德曾發現，家庭內部在重大問題上發生爭執時，幾乎每次最後發話作結的都是婦女；當然多數是指「弗里達依」。

　　母性力量在吉普賽世界裡是受到充分尊重的。至今一些歐

---

❸　台灣《第一手報導》，轉引自《海外文摘》一九九〇年第五期。

洲國家的吉普賽集團仍保存著相當鮮明的母系制規範，某些受外族影響較深的「沃爾沃德」企圖創建父系制，最終往往身敗名裂。二戰之前，英國有位叫作迪克‧希隆的「沃爾沃德」實行高度集權，並且竭力反對他的兒孫因結婚而遠走他族。於是，他採用古老的搶婚風俗，組織了一支由適齡青年男子組成的「搶婚遠征隊」。他們一路上攜帶著結婚所需要的基本生活用品，在鄉間四處漫遊，一旦發現其他家族或部落有合適的吉普賽少女，便擄回營地成婚。萬一該少女不願成婚，他們也不勉強，只舉行一個簡單儀式就釋放她。迪克‧希隆的目的無非是想改變通婚方式，建立「從夫居」的父系社會。起初他也確實成功了，因為他帶著一對對如膠似漆的小夫妻歡天喜地地把家還。但最終他的宏願還是徹底破產了，原因是事隔不久，他的那些寶貝兒孫們又跟著妻子「私奔」娘家去了。毫無疑問，沒有任何人強迫這些年輕男子順從「從妻居」的古老模式，相反，迪克‧希隆的「遠征隊」正是煞費苦心地希冀擺脫舊習；但事與願違，迥異的生活模式使年輕人無所適從，溫柔博大的母性力量召喚著他們重回母系群體的懷抱。

吉普賽文化中源遠流長的母權背景為「弗里達依」制的延續創造了條件。在眾多的英國吉普賽家族中，立法權始終掌握在「弗里達依」手中，婦女們維護著法律的尊嚴和永恆。「弗里達依」盡心設計和完善運作著家族的穩定秩序，同時又不斷用情感的力量將家族融合成一個具有頑強生命力的和諧整體。一個家族發展到極其龐大的規模必然會出現分化的趨勢，這是極其正常的，但這種分裂的直接原因往往是該家族突然失去一位稱職的「弗里達依」。

儘管「弗里達依」擁有如此特殊的作用，但大多數外族人似乎根本不知道她的存在，許多重要的歷史資料也忽略了她

們。這裡的原因是雙向的。一方面，由於男女首領分工不同，外族人一般接觸的是負責對外聯絡交際的「沃爾沃德」，「弗里達依」只管族內事物，並不拋頭露面，也不主動與外人交往。外族人常常以自身文化的邏輯去理解吉普賽家族結構，把視點落在「沃爾沃德」身上，而把婦女當成一群依附於男子的算命女巫和歌舞女郎。另一方面，某些吉普賽人為了迎合外族的趣味和眼光，也往往言必稱「沃爾沃德」，故意略而不說「弗里達依」，難怪一些旅行家筆下就難見「弗里達依」的形象。

這番「苦心」甚至還見諸於墓碑之上。在英國，一位名叫利維‧鮑斯威爾的「沃爾沃德」的墓碑上赫然寫著「令人愛戴和懷念的利維‧鮑斯威爾，吉普賽首領，一九二四年五月四日逝世，享年七十二歲。」下面還銘刻著一首輓詩：「一束照耀我們家族的亮光離去了／一個我們熱愛的聲音還將長留人間／我們的家因此而空寂／永遠無法彌補。」九年後，當他的妻子尤蘭妮亞去世後，家人把他們合葬一處，於是墓碑上又添加了一段碑文：「同樣令人緬懷的尤蘭妮亞‧鮑斯威爾，前者的愛妻，一九三三年四月二十四日逝世，享年八十一歲，終於合葬。」尤蘭妮亞是這個吉普賽家族的「弗里達依」，但在碑文上卻隻字不提。這並非出於對女首領的輕視，而是為了服從外族的習俗，因為這兩位首領是葬在外族的墓地裡的。然而，這畢竟是令人遺憾的。吉普賽婦女為種族的生存與發展奉獻了一切，她們理應獲得崇高的敬意和真實的回報。

拒絕人治的司法智慧

麻雀雖小，五臟俱全。同所在國的外族相比，吉普賽人猶

如滄海一粟，然而，他們卻擁有與外族同樣健全的司法制度和機構，擁有一整套原始而高效的法治精神和操作程序。這是一種自我約束的智慧，一種反對人治、崇尚法治的理性光芒。

吉普賽人始終保持著一種類似於古代氏族組織的制度，羅姆語稱為「克里斯」（kris）。它兼具立法、司法、仲裁、祭祀等職能，重大社會活動的決策由它裁決制定。「克里斯」實質上就是長老會，它由家族中若干位深受信賴、睿智通達的老人組成。這種制度可以溯源到古印度的多姆族，他們也同樣存在著長老委員會和族長制。吉普賽人在漫長的苦旅中，一直沿襲著這套原始的領導方式。

嚴格地講，「克里斯」包含兩層含義。（一）是指吉普賽的習慣法、價值評判方式及審判典儀。這是「克里斯」的智慧核心，它決定著長老會的構成方式和行事方式。吉普賽人長期以來形成了幾個廣泛認可的傳統道德概念，即忠誠、團結和互助。這些觀念是吉普賽法律的基礎。在吉普賽人心目中，「克里斯」很大程度上是指早已深入人心的價值觀念，是源於羅姆信仰的社會規範，是一種看不見摸不著而又無所不在的社會控制力。（二）含義是操作意義上的，「克里斯」直接表現為一個高度集權的上層組織，表現為具體的審判程序和制裁措施，表現為形形色色的瑣碎案例。外族人常規理解的也就是這樣一個長老會或審判團。

歷史上那些慘無人道的種族迫害暫且不論，一般而言，各國的司法機構都不願過問吉普賽人的內部爭端，除非吉普賽人自己起訴，但實際上這種情況是極其罕見的。這是因為吉普賽人擁有自己固有的法律秩序，官方法庭的介入只會畫蛇添足，激起吉普賽人的不滿情緒。另一方面，在這些西方國家，打官司的費用往往高得令人咋舌，而且周期漫長，流浪的吉普賽人

既付不起如此昂貴的訴訟費用和相關費用，又無法忍受因一場官司而被限制在某個枯燥無味的小城。當然更重要的是，他們不相信異族的法庭，只信任自己的「沃爾沃德」、「弗里達依」和「克里斯」。

定期的「克里斯」會在每年的大年集市之後召開；不定期的「克里斯」會則隨時隨地可以召集，只要家族內部出現重大糾紛或犯罪行為，就立即召集長老們組成審判團。審判團主席一般由年齡最大、心智健康的長者來擔任，稱之為「克里斯尼多利」（Krisnitori）或「克里賽多拉」（Krisatora）。有時候，「沃爾沃德」也會被推舉為審判團主席。在公開審理之前，長老會先召開祕密會議，統一認識，探討定罪與量刑。然後，「克里斯尼多利」主持全族會議，宣布審判結果。被告如果不服，可以申辯上訴，長老會將重新研究審議；萬一發現誤判，就立刻恢復名譽。多數情況下，長老會的審判還是十分公正與周全的。

吉普賽人的部落由若干個存在親族關係的家族組成，少則三、五個，多則幾十個，甚至還有個別部落由上百個家族構成。這些被稱為「庫姆潘尼斯」（Kumpanias）的部落是鬆散型的，可以依照變化的環境和利益需求，隨時集中或分散，有時也帶有行會性質。在流浪過程中，他們一般分散活動，彼此又保持信息溝通；只有在參加宗教祭典、交易集市等重大活動時才從四面八方趕來聚會。

吉普賽部落把互相認可的種種契約作為司法依據，由一個酋長領導全部落，羅姆語叫「巴羅」（Baro）或「卡波」（Capo）。在羅馬尼亞、德國等國家的吉普賽人中，酋長並不是通過全體吉普賽部落成員直接選舉而產生的，而是事先經過各家族長老的民主協商，並取得全體成員的一致同意之後而

被任命產生的。

酋長必須是一位在整個部落中聲譽卓著、經驗豐富的長者。他高瞻遠矚，精力充沛，把握部落生存與發展的大思路；他通曉多種異族語言，八面玲瓏，擅長同各國官方周旋；他古道熱腸，無私奉獻，全心全意為同胞創造機會和福利。

除此之外，還有兩點至關重要：（一）是他必須相當富有，必須擁有盈實的經濟後盾，無論這財產是屬於他個人還是家庭的；（二）是他必須出生於名門望族，家族中不得摻雜任何異族血統。

菲茨杰拉德筆下的部落酋長都是當年英國有名的吉普賽富翁。酋長不享受任何生活特權，沒有職務津貼，同大家一樣依靠自己的雙手維持生活，唯一的報酬只是那至高無上的榮耀。如果酋長不稱職，激起眾怒，經全體長老的協商，也可以罷免。酋長一般為男性，但早年也有老年婦女，如菲茨杰拉德曾煞費筆墨描述的尤蘭妮亞·鮑斯威爾。

酋長同「克里斯尼多利」一樣，掌握著司法仲裁大權。酋長有權定期和不定期地召集各家族長老舉行聯席會議，規劃全部落重大事宜，調停糾紛，處置罪犯。

一般來說，家庭的內部爭端和違法行為，由「克里斯」會負責審理，而家族間的衝突或某家族的內部事務直接影響到部落的安危，則必須由酋長出面仲裁。

吉普賽人的官司、訴訟無需破費，因為酋長的工作是完全服務性的。在審判之前，酋長會開展一系列深入調查，掌握確鑿事實，並且會同幾位部落頭面人物反覆磋商協調。有時為了保証判決的公正合理，酋長還不惜自己花錢收集証據。審判開始，當事人雙方必須到「庭」，原告和被告對簿公堂，擁有充分闡述意見和自我辯護的權利。必要時，雙方証人還將出

「庭」作証。聽訴完畢，酋長在幾位長老的協助下進行裁決。審判大多是公開的，但有時也進行祕密審判，只准當事人和陪審員參加。

吉普賽人沒有成文法，司法依據是長期以來約定俗成的法律契約，這種契約在一代代吉普賽人中間以口頭傳播的方式保存和延續。另外，吉普賽人還非常注重判例法，以往的案例判決會以法律的形式固定下來，作為日後審判援引的依據，遇到相似的案例，則照此類推。這同英、美國家的法系有些不謀而合之處。

部落和家族這兩級司法審判的刑罰種類是一致的。凡是被認定犯有族內盜竊、拖欠債務、人身誹謗、觸犯禁忌等罪的人，都將受到全體成員的蔑視，酋長將宣布取消這些人參與公眾活動的權利，對他們的旅行、飲食、住宿均予以嚴格隔離，並處以罰款、做苦工等懲罰。而對於那些嚴重損害部落榮譽、通姦淫亂的罪犯，則要逐出族外相當長的一段時間。永久性驅逐是吉普賽司法的最高刑罰；在吉普賽人的眼中，這比處死還要嚴厲，因為他們把群族生活視為最高理想，剝奪族內生存權意味著失去做人的全部意義。

歷史上，某些酋長在處理家族糾紛時，還曾採用過決鬥的方式，並親自擔任裁判，讓爭執的雙方通過武力征服的方式解決紛爭。這種原始的方式很快就被淘汰了，因為血腥的械鬥不符合吉普賽人的信仰。

除了終身驅逐之外，其他罪犯在一段時間的懲罰和考驗之後，主動表示悔罪，酋長和長老將宣布解除處分。被赦免的人要請大家喝酒，表示感謝和慶祝。這時，所有的恩恩怨怨煙消雲散，整個部落洋溢在和諧歡快的氣氛中，因為正義的光芒又重新燭照每一個人的心靈，朝夕相處的美好時光又悄悄開始。

酋長之上還有大酋長。大酋長是通過民主選舉產生的，但候選人必須是以前大酋長的後裔。酋長一般管轄某一地域裡流浪的吉普賽人，而大酋長則是某一國家全體吉普賽人的精神領袖。他出面同所在國政府聯繫，有權召集全體酋長會議，決策一國吉普賽人的重大事物。同時，各部落酋長的產生也要及時上報大酋長，並通過他向當地政府介紹。大酋長還負責同其他國家的大酋長進行「熱線聯絡」。

　　大酋長在生活上享有特權，甚至在有些國家，准許他同非吉普賽人通婚。當然，這種通婚很大程度上具有實用目的，是為了更直接而方便地與異族社會聯繫。非吉普賽人與大酋長結婚，必須恪守吉普賽人的生活信條，隨大酋長一輩子生活在顛簸的大篷車裡。

面對遺產的實用智慧

　　吉普賽人始終認為外族社會是醜惡的。比方說，沸沸揚揚的遺產風波總是外族民事糾紛的重要主題，報刊雜誌也總喜歡對此大肆張揚。而在吉普賽世界，財產糾紛是絕無僅有的。這是因為吉普賽創立了非常獨特而實用的財產繼承規矩；這種瑣碎而無所不在的智慧驅散了邪念、爭執和不公平。

　　吉普賽社會現行父系制，而以前曾長期盛行母系制。「從妻居」、「從母居」便是母系社會的文化現象。直至今天，我們仍可以發現這種母權制的遺跡。在東南歐，男子結婚後必須加入女方所在的家族，子女也由女方撫養。妻子一旦早逝，男方可允許回到原來的家族。婚後從居模式與一個民族的繼嗣規則密切相關。「婚後從居模式影響繼嗣規則，因為從居模式決

定誰將進入或離開一個家族團體，或留住在一個家族團體之中。」這就導致某一家族團體形成明顯的家屬核心。❹

人類學家在考察了世界各民族千姿百態的家庭生活模式之後，獲得了一個共同的結論：所有的家庭生活組織都具有兩個基本概念，也就是兩個根本性的原則：（一）是姻親概念，即通過婚姻結成的關係；（二）是繼嗣概念，那是親子連結成的延續關係。這一縱一橫的關係結合使相關的個體之間產生了親屬認同。

吉普賽人的繼嗣原則以及由此延伸出來的財產繼承規則具有獨到之處，他們妥善處理協調家庭問題的生活智慧和藝術便蘊藏其中。「繼嗣」一詞不僅包含了生物學意義上的親子關係，還是一種文化規定。在姻親關係複雜的大家庭中，孩子往往和他們按文化而定的「父親」和「母親」產生繼嗣關係。這裡占主導地位的是「養育」而非「生育」。這種現象在吉普賽家庭中也並非鮮見。

一些人類學家認為：「每個文化各有自己的關於生育和繼承的理論。所謂繼嗣，就是一種信念，認為某些人對生育和撫養某些孩子起過重要作用的信念。」❺美國學者丹尼爾·克雷格也認為：「繼嗣就是把人們的身體和精神的某個方面在後代中保存下來，可見繼嗣是表示永垂不朽的一種象徵形式。」❻

在這裡，學者們對「繼嗣」給予的都是文化定義。繼嗣雖

---

❹ 參見喬治·默多克：《社會結構》，紐約，英文版，一九四九年。

❺ 〔美〕馬文·哈里斯：《文化人類學》，第一五五～一五六頁，李培茱、高地譯。

❻ 丹尼爾·克雷格：《借助親屬關係的不朽：物質性和象徵性地位的垂直傳播》，載於《美國人類學者》，一九七九年第八十一期，第九四～九六頁，英文版。

然是一種文化規定，但對於個人而言，它卻是一種先天賦予，是置身於特定文化的特定識別符碼。通過繼嗣關係，個人就對別人和社會生活的各個不同方面承擔了不同的責任、權利和特權。一個人的姓名、家庭、住所、等級、財產和基本的民族地位、國民地位等等，可以說都首先取決於這種特定的先天賦予。繼承規則源於繼嗣關係，但不同的民族又體現出不同的智慧光彩。

近年來，一些歐洲國家陸續出版了一系列羅姆語詞典。有趣的是，在這些羅姆語詞典中，我們很難找到「繼承」或「財產繼承」之類的詞彙。由此至少可以肯定，「財產繼承」在吉普賽人的日常生活中並沒有占據非常重要的地位。原因很簡單，流浪的吉普賽人不可能擁有房屋、土地等固定資產讓後代繼承；另一方面，大多數吉普賽人生活貧困，根本談不上什麼遺產。一般而言，家底殷實的吉普賽人去世後可繼承的財產有現金、珠寶及其他貴重物品之類。死者的另外一些遺物，如衣服、生活用品、馬車、馬匹等，按傳統規矩，有兩種處置方法：或是陪葬，或是半贈半賣給非吉普賽人。但也有例外，比如，在北歐的娜威、瑞典等地，有的吉普賽人可以繼承死者的帳篷、衣物等。

由於流離失所的貧苦生活，吉普賽人似乎無所謂「財產繼承」，但這種繼承規則實際上仍然存在，而且極其瑣碎複雜，每一地域生活的吉普賽人都可能有自己的一套約定俗成的繼承人排列順序。這些繼承規則也不斷根據所在地的社會經濟狀況而調整，但從未摒棄過。按常規做法，死者財產由直系親屬繼承；一旦發生糾紛，則提請部落的酋長或長老會議仲裁。

在某些吉普賽部落，財產是由長子繼承的；如果長子已不在人世或遠走高飛了，則由長孫或長外孫繼承。這裡有一點特

殊要求，繼承人必須成年，具有足夠的自立能力，乳臭未乾的毛孩子是不允許繼承豐厚的財產的。至於怎樣的年齡界線才算成年，各部落有所不同，但大體上他們的標準都低於非吉普賽人的法定標準年齡十八歲。這一繼承規矩顯然不同於封建世襲制，這是一種高度理性化的財產分配和繼承原則。

毫無疑問，未成年的繼承人不諳人情世故，不懂得如何合理地使用財產，因此，從實用的角度來看，財產對於他，暫時是沒有任何意義的，也就根本談不上「財產繼承人」了。另一方面，由於繼承人年幼無知，財產容易受到監護人或其他成員的操縱，容易導致財富濫用和財產糾紛，這無疑違背了「繼承」這一原則的初衷。從這裡我們可以發現，吉普賽人的繼承規則是不太重視血親歸屬的，而是把著眼點放在金錢的合法合理支配上，保証把錢用到實處。這與吉普賽人在其他方面體現出的實用態度是一脈相承的。

這裡有一個問題：如果長子尚未成年，那麼遺產應由誰來繼承？「從妻居」的生活模式在這裡影響了繼承關係，母系親屬得以登台。

以前，在羅馬尼亞的一個吉普賽部落就發生了這樣的情形：一位名叫伯尼的吉普賽男子英年早逝，年幼的兒子尚在母親的繦褓之中，自然無法繼承家業，於是財產就由他的遺孀西婭繼承下來。誰知不到一年半載，孩子還在學步，西婭也撒手歸天。這下子，財產繼承人該輪到誰呢？伯尼和西婭都有個弟弟，他們誰是第一繼承人呢？西婭葬禮的當天下午，她的弟弟拾掇著死者遺留的財物，滿載而歸，年幼的孩子也從此由他撫養，而伯尼的弟弟則默默地策馬而去，沒有絲毫怨言，沒有任何不愉快的爭執。因為按照大家認可的約定，這種情況下，孩子將由母系親屬領養，財產作為對他們的報答。

在有些父系制的吉普賽部落，財產的第一繼承人不是死者的長子，而是幼子。按照吉普賽人自己的說法，因為年紀較大的孩子，結婚後都離開父母，獨立生活，不再直接擔負父母的養老任務，而只有最小的兒子一直生活在父母的羽翼之下，在父母步入老年之後，又始終守在雙親身旁，負責照顧他們，幫助他們走完生命的最後一程，所以幼子對父母的奉獻最多，理應繼承遺產。當然，也有幼子背井離鄉，長子或次子承擔贍養老人的重任，遺產也自然由實際撫養人繼承。在這裡，遺產不再是簡單的血緣關係的物質延伸，而是對於真誠付出的一種報答。吉普賽人注重家庭和合之美，贍養老人不僅是一種責任和義務，同時在他們眼中，還是一種沈浸於天倫之樂的心靈享受和情感收穫。然而，出於生活所迫，也因為特殊生活方式的關係，年長的子女往往自組家庭，留下幼子贍養老人，幼子是唯一合情合理的遺產繼承人。這是一種非常實用，「按勞分配」的財產分割原則。

吉普賽人的財產繼承規則還有一個現象也饒富趣味，這就是對現金的支配態度。如果一個富有的吉普賽人突然亡故，他的財產將被迅速而妥善地處置，或廢棄，或變賣，或送人，但現金必須平均分配給他的子女。當然，如果死者的錢財存入銀行，那麼既然不是現金，也就另當別論了。歐洲學者的考察報告曾記載了一些具體的實例。

一八二一年，一個名叫艾伯梭羅門・史密斯的吉普賽男子在英國列斯特郡的屈福德鎮逝世，他的孩子們各分得一百英鎊的現錢。另一則報告則說，他還留了一罐子金幣，也同樣由孩子們共同分享。直至今天，許多吉普賽家庭還遵循這套約定，類似的例証仍不難尋覓。三十多年前，一位名叫海倫・西佛林的英國吉普賽人不幸去世，在她的葬禮上，她遺留的所有現金

由長子庫尼留斯負責均分給眾多弟妹。不久，另一位名叫尤蘭妮亞‧鮑斯威爾的吉普賽人過世，親戚們在她的大篷車上發現了一筆數目可觀的現金，於是就平均分配給她的五個遺孤。

英國學者菲茨杰拉德也說，在他所親眼目睹的六次喪事中，從未發現過現金的大規模銷毀或陪葬，每每總是均分給死者的孩子。這種現金的支配態度也同樣帶著吉普賽人特有的實用特色。出於對死者的尊重，加之吉普賽人終年流浪，過多的家資無疑成為累贅，所以大宗生活用具大多不宜繼承；然而，現金不存在這個問題。不同地域的吉普賽人往往存在略有不同的繼承規則，這種規則完全是約定俗成，完全取決於吉普賽人生活的現實條件和環境。

尋找天堂之路

「尊老愛幼」是吉普賽人家庭倫理智慧的重要側面。老年和幼年處於人之生命的兩極。在吉普賽人眼裡，老人是智慧的象徵，孩子則是生命活力的象徵，尊重和愛護這兩類家庭成員，折射出吉普賽人對生存的渴望。

在吉普賽社會，老人是最受敬重的。他們是社會基本道德法則的立法者、解釋者和捍衛者。長老會把持著吉普賽集團的生殺大權，「沃爾沃德」和「弗里達依」這兩位首領也是由德高望重的老人擔任的。贍養老人是年輕的吉普賽人的天職，歧視和虐待老人都被視為不可饒恕的罪過，因為吉普賽人認為，這是對智慧的褻瀆，而這種罪惡是最無法容忍的。吉普賽人歷來都有尊老敬賢的傳統，資深的老者和有才能的人都是社會的財富，要創造物質財富必須依靠這批人才財富的積累。吉普賽

人普遍認為，老人在漫長的生存跋涉中，練就了異常敏銳而深刻的智慧眼光，甚至已經具有了某種神祕主義性質。

一位吉普賽人對記者說：「我們的老人善於觀相，能由人眼中看出人心中所想的一切。大家相信吉普賽人有魔法，但其實是我們了解人性而已。我們走遍天涯，試著去尋找天堂之路。」吉普賽人一直嚮往著天堂般的幸一福生活，智慧的老人就是率領他們步入理想彼岸的引路人，儘管數百年來他們連人間的美滿生活也未曾真正體嘗過。

吉普賽人非常喜愛孩子。他們對自己的親骨肉擁有一種無微不至的永恆之愛，因為孩子是民族智慧的延續，是吉普賽人的明天。許多考察家都認為，吉普賽孩子是世上最幸福，甚至是最容易被寵壞的孩子。父母所有的心血和操勞都是為了孩子；而孩子長大，他又會像父母一樣呵護下一代，民族的頑強生命力就這樣代代傳遞著。僅以吉普賽人的護嬰習俗為例，便可見一斑。

吉普賽人的嬰兒出生率很高，一家八、九個孩子不足為奇。但由於生活貧困和衛生設施落後，嬰幼兒死亡率也很高。為了防止嬰兒夭折，奧地利和德國的吉普賽部落延續著一種特殊習俗，婦女分娩後不准睡覺，害怕妖魔趁她睡熟，奪去孩子的生命。在羅馬尼亞，人們則在產婦的帳篷或大篷車前點燃篝火，日夜燃燒，驅鬼避邪，直至嬰兒接受洗禮。奧地利的吉普賽人嚴禁探視剛出生的嬰兒，連孩子的爸爸也不允許，怕成年人把病邪帶給孩子。在英國，嬰兒出生後三個月內，除了孩子的媽媽，任何人都不准接觸嬰兒。

生命和歲月共同延續，智慧像綠色年輪靜靜地擴散。吉普賽人的家庭在自然中創造著和諧與安寧，他們把最好的留給最後，把無限的忠誠獻給智慧的長者。然而，尊重老人絕不等於

論資排輩、故步自封，他們同時也把眼光投向天真的孩子，投向那片智慧的處女地，孩子們會用手中的彩色蠟筆塗滿明天的智慧畫布。

天下一家：神聖的召喚和渴望

　　每一個吉普賽人的血管裡都流淌著同樣純潔的血液。普天之下，所有的吉普賽人都是親兄弟，都是心心相印的一家人。他們是隨著浩蕩春風播撒世界的種子，然而當他們破土成長的時候，他們卻是遙相呼應的茁壯樹林。嚴密的社會組織和強烈的血緣歸屬感維繫著吉普賽民族的統一。這是一種非凡的組織才能和智慧。

　　一九六五年，羅姆人國際委員會正式成立。這是有史以來第一個吉普賽人的國際組織。在這一組織的引導和配合下，歐洲委員會所屬的社會與保健委員會對生活在一些國家和地區的吉普賽人進行了廣泛的調查。在獲取了大量第一手材料的基礎上，他們作出結論：「吉普賽人用非常驚人的方法維持了他們的特殊生活方式和社會組織。構成吉普賽人行動的前提、標準和價值，是與當代歐洲社會的一般文化模式截然不同的。吉普賽人維持並發展了以大家族和家庭聯盟為基礎的社會組織的強有力因素。」

　　一般而言，人們很難想像浪漫而自由的吉普賽人會存在極其嚴格的社會組織。一個偶然闖入吉普賽世界的外來者常常會忽略這其間的奧妙所在。對於流浪世界各地的吉普賽人而言，血緣關係是維繫他們這一鬆散型社會的重要因素。吉普賽人非常強調血緣的純潔性和歸屬性。一方面，血緣關係是凝聚吉普

賽群體的內在力量，無論阻隔千山萬水，無論生活風貌千差萬別，所有吉普賽人都堅信他們同出一宗，都確信他們的身上流淌著一樣純潔的血液；另一方面，不同遠近的血緣關係劃分出不同的世系、部落和家族，從而構成吉普賽群體內部縱橫交織卻又涇渭分明的關係網絡。

吉普賽人的群體區劃和分布在本書前幾節已經提及，這裡再作一歸納。

從血緣歸屬和語言角度來劃分，全世界的吉普賽人可以分成三大群，也可以稱之為三大世系。但對於具體群落的名稱和界定，目前似乎存在兩種意見。

一種意見如今已被聯合國教科文組織採納。據該組織的刊物《文化》發表的題為《吉普賽人和他們的文化：流散之中的聚合》所介紹的，吉普賽人分為三大群，即羅姆群（Rom），講羅曼尼語（Romany）；馬努斯群（Manus）或辛特群（Sinte），講辛多語（Sinto）；卡列群（Kale），講卡洛語（Kalo）。各大群之下還有數目不等的眾多亞群，各有自己的方言；同一群吉普賽人生活於不同國度，語言也不盡相同。

另一種意見認為，吉普賽人按照他們在歐洲形成的固定遊動區域，分成三大群：卡爾德拉什群（Kalderash），原先生活於巴爾幹半島和中歐，現占全部歐洲和北美吉普賽人的大多數；吉塔諾群（Oitanos），長期流浪於伊比利半島、北非和法國南部；馬努斯群（Manus），又稱為辛特群（Sinte），主要活動於法國、亞爾薩斯和德國。這三大居民集團又可以按照具體定居地、傳統職業、血親關係進一步細分。❼

這些吉普賽群落稱謂都包含著特定的生活背景和寓意。

---

❼ 參見《大英百科全書》，第五○○～五○一頁，英文版，一九六六年。

「羅姆」這個名字可以追溯到古代印度，如今，無論歐洲、亞洲還是美洲，無論是定居的還是流浪的吉普賽人，他們基本上都採用這一名字作為自稱；二戰以後成立的國際吉普賽人組織——羅姆人國際委員會也以此命名。由於「吉普賽人」一詞本身帶有種族歧視色彩，因而許多有識之士也開始用「羅姆」這一稱呼取而代之。

「馬努斯」這個詞來源於印地語馬努什（Manushu），同「羅姆」一詞一樣，也是「人」的意思。德國、奧地利等國的吉普賽人群體均沿用「馬努斯」作為自己的稱謂。在這些國家，「馬努斯」和「辛特」又是馴獸師和雜技演員的代稱，因為這些吉普賽人通常以馬戲和雜耍表演謀生。

「卡列」（單數為kalo）一詞也同樣源出於遙遠的印度，其字面意思是「黑」。在西歐伊比利半島、東歐巴爾幹半島、北歐斯堪的納維亞半島、前蘇聯、敘利亞等地區的吉普賽人語言中，「卡列」一詞還包含著原始的「黑」的意思。今天，在西班牙、英國、芬蘭、義大利、匈牙利、捷克和斯洛伐克等國，吉普賽人自稱為「卡列」，而稱呼非吉普賽人為「加杰人」（Gagio）；後一詞原意也是「人」，由於作為「黑」的對立稱謂，如今的字面意思也就成了「白」。這一稱呼已被廣泛使用，凡是吉普賽群體以外的人都被統稱為「加杰人」。黑白之分還是歲月滄桑的烙痕和印証，初來歐洲的吉普賽人，因其膚色黝黑而被稱之為來自非洲的「埃及人」，黑色也就成為吉普賽人的標誌色。自強的吉普賽人並不以此為恥，反引以為驕傲，引以為自稱。在眾多色彩之中，黑色能包容和吸收赤橙黃綠青藍紫多種色光，這不恰恰吻合了吉普賽人兼容並蓄的天性和品格嗎？

「卡爾德拉什」（Kalderash）因吉普賽人擅長製鍋而得

名。義大利的製鍋匠稱為Calderai，卡爾德拉什群基本上是世代從事金屬加工業的。「吉塔諾人」擅長娛樂性的藝術表演，在法國也稱為Gitans。

「世系群落」是對血緣歸屬的強化和細化。同一大群的吉普賽人一般散布於許多國家；但是，世系相同的兩個吉普賽人集團，儘管他們也許相隔千里，分居於不同國度，其關係也比住在鄰近而世系相異的吉普賽人親近，更易於產生信任感。

群落分化永遠不可能導致民族統一體的分裂或同化，因為吉普賽人具有強烈的血緣認同感。對他們而言，居住於世界哪個洲、哪個國家或受哪個政府管轄都無關緊要；他們把普天之下所有的同胞都視為一個偉大民族的統一整體。他們可能一輩子流落天涯海角，可以沒有土地和國家，可以講著形形色色的異族方言，然而，他們的內心永遠只接受一個事實：吉普賽人是一個牢不可破的血親集體。

吉普賽人的社會結構在許多世紀中一直保持不變，其基本形態是屬於氏族類型。在同一群落中，血親家族是最大的組織形式，部落的權限具有原始共產主義的性質。為了確保血緣的純潔性和穩定性，吉普賽人不僅嚴禁與外族通婚，而且有時反對跨越世系通婚。在民間故事中就有「卡爾德拉什群」的鐵匠女兒不應嫁給「吉塔諾群」的樂師兒子這種說法。著眼於血緣歸屬的內婚無疑是為了鞏固和延續群落內部共同的信仰和生活方式。

在外族人的腦海裡，吉普賽人似乎是缺乏任何約束和組織的「無政府主義者」。但吉普賽人自己卻反對這種看法，他們認為歷經歲月的風雪磨礪，他們早已形成了明確而又堅韌的民族集團。吉普賽人的流浪從來就不是個人的放任行動，而是一個整體的統一活動。眾多歷史資料和民間傳說都証實，吉普賽

人的遷徙實質上是由許多家庭組成家族或類似氏族組織的集體性流浪。一旦抵達預定的目的地，這些家庭便分散在這個國家或城市的各個角落，表面上看來互不相干，實際上卻始終熱線不斷，隨時可以召集起來，共同行動。即使是定居的吉普賽人，也總是集中居住在某些城區和鄉野，自覺地形成吉普賽居住區和村莊。這雖然也是「文明社會」排斥的結果，但從吉普賽人自身來說，還是心靈深處的文化歸屬感把他們自覺自願地聚集在一處。

吉普賽社會的最小單位是家庭。一個大家庭往往包括祖孫三代，若干家庭又組成一個龐大的家族，這種家族有的可多達數百人，擁有非常完善而又高效的權力運作機制。若干家族再組成部落，一般的大規模遷徙即是這種家族部落的集團軍出征。家族部落的集合便是世系群落。世系群落並不表現為具體的權力和權利，而只是一張隱性的文化網，是聯結吉普賽人的血緣紐帶。吉普賽人之所以能夠發展到今天，也正是因為這千絲萬縷的血親紐帶默默地釋放著驚人的召喚力和凝聚力。

Chapter 4
市場導向：吉普賽經濟的奧祕

吉普賽人不相信「鐵飯碗」

沒有土地、沒有國籍、沒有保障的吉普賽人如何生存下去？在長達數百年的漂泊生涯裡，無依無靠的吉普賽人時刻面臨著生存的嚴酷競爭；然而，他們始終能夠在異族的嘴邊為自己奪得「飯碗」，維持生計──這是生存的奇蹟。

傳統的西方小說家常常把吉普賽人描寫成沿街的行乞者、花言巧語的算命女巫和骯髒的竊賊，彷彿吉普賽人全都是這副窮酸相。這實在是莫大的偏見和侮辱。不可否認，由於環境所迫，歷史上某些吉普賽人確實從事過一些不甚光彩的行當，但這畢竟是個別現象。以偏概全的種族偏見將使我們失去對吉普賽智慧精髓的理解。

從印度跋涉千里而來的這群流浪者，除了滿身的疲憊和心靈的創傷，他們一無所有。然而，最終他們贏得了自足而獨立的生存世界。他們用勤勞的雙手獲取微薄的報酬，以非凡的才智捕捉著每一個謀生的可能，他們榨乾點點滴滴的血汗和心淚

換取對燦爛明天的渴望。他們並不羨慕異族的富有和安逸，因為他們的生活只存和流動締結在一起，才會折射出智慧的異彩。他們堅信，擁有雙手就擁有生活的權利和存在的可能。上帝沒有賦予他們肥沃的土地，他們卻煥發出任何異族所無法企及的生存衝動。

這是一群像浮萍一樣四處飄零的人們，一群數百年來始終為生活的渴望燃燒得不能自己的人們。

世界各國研究吉普賽人生活習俗的學者曾開列了一個吉普賽人所從事的職業名錄，共計一百三十五種。這一數據的統計還是過於保守的，許多學者認為再翻它個兩、三倍也不成問題。英國吉普賽問題專家菲茨杰拉德根據自己在二十年間的親眼所見，列舉了生活在英國的吉普賽人所從事的種種職業：九柱戲（保齡球的前身）業主、舞蹈木偶演員、拳擊遊戲主持人、煙囪清掃工、籃筐編織工、蜂箱製造工、衣夾製造工、瓷器修補匠、磨刀剪工匠、修傘匠、野鳥蛋撿拾者（他把鳥蛋賣給倫敦的富人）、罐壺盆鍋修補匠、走索賣藝人、賽馬職業騎師、馬戲場的無鞍騎手、鐵匠、捕鼠者、捕　鼠者、馬販、牛販、農場短工、獸醫、撿拾柴草者、石匠、木匠、賣唱者、樂師、房屋粉刷工、手相家、面相家、小吃攤業主、劇院保鑣、賣草藥者、算命者（只用水晶球）、捕兔者、漁夫、職業摔角手、開當鋪者、職業拳擊手，等等。

其他學者在考察報告中也羅列出另外一些常見的吉普賽人的謀生手段，如珠寶工匠、馴獸師、街頭魔術家、舞蛇人、相馬家、捕蛇者、製梳工匠、編蓆者、地毯編織工、賣花人、舞娘、製革工人、農具製造工、銅匠、車夫、泥瓦匠、採石工、五金商販、燒磚工人、廢品回收商、日用小百貨攤販、弄熊者、玩猴人、清道夫、雜技演員、蔬菜水果採摘工、菸葉採摘

工、擦皮鞋者、搬運工、傭人、撿破爛者、鎖匠、衣服花邊縫補工、補鞋匠，諸如此類，不一而足。

吉普賽人的謀生途徑是極其廣泛的；吉普賽人在謀生手段上具有無限多樣性。然而，仍然存在著某些長期以來在全世界普遍從事的經典職業。毫無疑問，算命和販馬是高居職業排行榜首席的，這兩項職業在歐洲的吉普賽人中間最為流行，已經成為吉普賽人的標誌，許多歐洲鄉間的農人至今仍把算命者和馬販當作吉普賽人的代稱。其次較為常見的是各色金屬加工匠和歌手、樂師。鐵匠是吉普賽人的傳統行當，溯源鉤沈，這一絕技還是從故鄉印度帶來的；而在英國等西歐國家，吉普賽人的金屬加工技藝在工業革命前是名聞遐邇的。音樂更是吉普賽人的拿手好戲；作為一種謀生方式，吉普賽人常常在酒吧賣藝，一些藝術價值較高的歌舞作品也由此傳播到各地民間。

吉普賽法同其他民族的勞動者不一樣，他們並不侷限於某一種單一職業，而是在廣潤的社會經濟層面上尋找適合自己發展的生活出路。他們往往不挑選異族在技術、資本、勞動力等生產要素上占絕對優勢的行業門類，如具有一定規模效應的工業、農業、畜牧業等，即使有時參與這些重頭行業，也只是為了尋求短期性利益。因為他們清醒地意識到，依據自身的實力是難以在這些行業中與異族相抗衡的，這是用自己的短處來攻他人的長處，其結局必然是慘遭兼併。因此，吉普賽人在謀生途徑的選擇上，總是力求避開與強大異族的正面競爭，充分發揮自己的特點和長處，如流動性強、適應性強、聰明能幹、吃苦耐勞等優勢，敏銳地發現所在國經濟生活運作過程中的缺憾，並進而以此為突破口，介入異族的生活圈。

從這一生存策略的分析出發，我們可以發現，數百年來，吉普賽人始終生活在異族社會的邊緣地帶。具體地講，從上述

列舉的職業花名冊來看，他們大量從事的是服務性行業。這是介於生產和消費之間的關鍵環節，是一般消費者日常生活不可缺少的組成部分。在這一行業的門類中，部分是屬於手工業，也有部分是提供商業服務的，因而流動性大、時間性強、服務對象多變、資金回籠較快、資本和技術要求相對較低，這些特點都極其適合於吉普賽人的生活方式。

誠然，在「文明社會」的視野之中，吉普賽人從事的職業大多是低賤的，是為「正人君子」所不齒的。但是，正是這種傲慢與偏見損害了我們理智的判斷力。從事服務性行業絕不意味著吉普賽人種的低賤；相反，正是這種抉擇，包含著生存的智慧。

在許多西歐國家，隨著工業的迅猛發展和居民消費能力的普遍提高，生活垃圾的氾濫成災也成為一個突出的社會問題。但另一方面，某些廢品本身就是一種循環資源，經過回爐再造，可以變廢為寶；加之某些國家原材料緊缺，因此，廢品回收無論從節約角度，還是生產角度，都是一項極其有益的職業。但是，這一行當涉及面廣、工作瑣碎、衛生狀況差，因而一般就業者不願介入。吉普賽人卻注意到這是一個贏利頗豐的職業。他們四處流浪，因而也就在走街串巷的過程中，檢拾或低價收購廢舊物品，用大篷車載往宿營地，分揀篩選，然後出賣給廢品回收部門。有的吉普賽人還從事工業廢品的回收，利潤自然相當可觀。

據統計，西班牙首都馬德里 30% 收廢品的小販是吉普賽人。這些吉普賽人已經成為當地居民熟識的朋友。

對於其他的社會成員而言，吉普賽人的生存機遇和條件是少得可憐的。但是，吉普賽人之所以能夠延續到今天，就是因為他們善於運用智慧，把生存中的每一丁點可能都發揮到最大的限度。

「跳槽」：生存的抉擇

吉普賽人謀生手段的最大特點可以用兩個字來概括——變化。一切隨著時間、地點、人這三個要素的變化而變化。對於一個正宗的吉普賽人而言，「跳槽」是司空見慣的。在激烈的生存競爭面前，變化是唯一的出路是：「不變則窮，不變則亡。」這是嚴酷的社會法則。

無論從生活的哪個側面來講，吉普賽人比任何其他民族都富於變化。他們浪跡江湖，每天都面對著一個全新的環境，面對著一群陌生的對象，變幻無窮的生活氛圍造就了他們豐富多彩的個性，而這種永不甘於平靜的天性又深刻影響著他們的擇業。不同國家的吉普賽人往往從事不同的職業，同一國家的不同吉普賽集團所從事的職業也往往迥乎不同；就連同一部落內部成員的職業分化也總是相當細緻的。吉普賽人選擇職業取決於部族自身的傳統和客觀的外部條件，維持生計是唯一的宗旨；因此，這種選擇總是採取實用的態度。

在外出謀生方式上，吉普賽入的男女分工是明確的，男子大多從事販馬、鐵匠等體力活，女子則從事算命看相、街頭商販等職業，這大概是為了發揮吉普賽婦女能言善辯的特長。同樣，家庭內部也存在著勞動力的分工，有時能幹的成員常常一人身兼數職，大家各盡所能，同時又相互協作。

英國學者菲茨杰拉德曾在肯特郡遇到一家名叫斯堪普的普通吉普賽家庭，父親能者多勞，不僅是個磨刀好手，而且販馬也財源滾滾，而她的女兒則在大街上替人算命，巧舌如簧，收入竟也不亞於父親。

有趣的是，某些不同職業的吉普賽人之間常常很少往來；甚至在一些地區還形成了約定俗成的規矩：鐵匠與樂師的兒女

互不通婚。表面上看，正像一些吉普賽民間故事所認為的，是一種內訌和偏見，鐵匠以為樂師下賤，不如自己體面，樂師以為鐵匠辛苦，不如自己自由。但其實這裡面也包含著維護職業繼承關係和多元化的良苦用心。面對同一市場，大家都一窩蜂地擠入同一行業，在一條羊腸小道上走牛角尖，結果注定會導致市場的萎縮和疲軟。吉普賽人領悟這個最簡單的價值規律，避免通婚雖不近情理，但也事出有因。

吉普賽人職業的變化與流浪地域存在著密切關係。所在國的自然環境和居民的生活習慣都會決定吉普賽人謀生手段的取捨。比如，音樂是吉普賽人生活中不可分割的有機組成，許多吉普賽人擁有出眾的音樂天賦，演技曾令一些著名的音樂大師傾倒折服。但是，在英國的吉普賽人中間，樂師從來就不是一種專門職業。雖然一些威爾士吉普賽人也曾在小酒店裡演奏豎琴和小提琴，但也只是業餘客串，順便賺上幾個先令。對流浪於英國的吉普賽人而言，音樂主要是一種休閒方式。可在匈牙利，情形卻恰恰相反，許多大型管弦樂隊主要是由吉普賽音樂家組成，有些乾脆是清一色吉普賽高手的地盤，因為吉普賽音樂深受匈牙利百姓的歡迎。

毫無疑問，吉普賽人的才能是多方面的，在謀生技能上具有極大的可塑性。他們未擁有土地，但生活來源仍然依賴某一特定地區，而這種經濟意義上的地理觀念表現為該地區居民的市場要求。吉普賽人的謀生始終面向市場，市場的動態直接影響他們的行業構成。我們可以觀察到，他們參與的行當常常是市場急需的，他們彌補的行當常常是市場缺乏的。在以畜牧業為經濟主體的地區，吉普賽人往往運用傳統的草藥知識，從事獸醫工作。吉普賽獸醫騎馬往來於牧場之間，隨叫隨到，醫術高明。而在種植業為主的地區，吉普賽鐵匠則沿途替農夫們打

製和修理鐵農具。這些行業在農業機械化時代尚未到來之前都是不可或缺的。

由於吉普賽人的生活始終處於流動之中，因此，居住地一旦改變，市場也就發生變化，職業必然相應變更。長期以來，部分墨西哥的吉普賽人用精湛的製銅技藝在當地久負盛名，「銅匠」甚至成了吉普賽人的代名詞。

然而，當這群吉普賽人的大篷車隊抵達美利堅之後，他們驚訝地發現，自己引以為豪的製銅手工業在這裡已被早早淘汰，市場前景極其黯淡，而衣食無憂的美國社會，不少人患有心理疾病，對吉普賽的相術相當信奉，因此，他們就在商業城市的鬧市街口賃屋開鋪，美其名曰「心理分析諮詢中心」，實乃算命把戲，倒也生意興隆。這群吉普賽銅匠也因此得以站穩腳跟，喘氣回神，再顯身手。

吉普賽人所從事的職業一般都具有強烈的時間概念。一些西歐國家的吉普賽人猶如候鳥一般，有規律地隨著季節遷徙於幾條固定的線路。農閑季節，吉普賽人便在鄉間賣藝，或去城市打工；農忙時節，各地的吉普賽人會不約而同地趕到鄰近的農場。因此，一些吉普賽人的遷移已不再是盲目性的，而是根據勞動力市場的需要來決定的。

我們今天所津津樂道的吉普賽職業大多在中世紀就已經存在了。隨著時代的變遷，這些職業本身也發生著重大變化。販馬在兩次世界大戰之間已不再是過去的「搖錢樹」，而二戰之後，這一職業在工業化程度較高的國家急劇萎縮，取而代之的是舊汽車交易。

英國學者菲茨杰拉德認識一個倒賣舊汽車的吉普賽人。他發現，這個年輕人精於汽車檢修，就像他父親當年精於治療生病的馬一般；他買賣汽車如此成功，就像他父親當年在販馬行

業中不可一世。

　　傳統的吉普賽人比較易於在以農業為主的發展中國家裡謀生。然而，工業革命以後，西歐各國經濟結構迅速擅變，社會化大生產取代手工業。一方面，大量吉普賽人遷往經濟相對落後的東歐國家，東歐也因此而成為如今最大的吉普賽人聚居地；另一方面，留在西歐的吉普賽人開始逐步調整傳統職業，適應市場結構和產業結構的變化。

　　在英、法、德等發達國家，吉普賽人大多在技術要求較低的勞動密集型企業裡謀職，如紡織廠、捲菸廠等。西班牙格拉納達穴居的吉普賽人利用自身的音樂舞蹈特長，大力發展旅遊業，成為聲名遠揚的旅遊勝地，西班牙政府出版的旅遊地圖都特別標出這一充滿浪漫情調的絕妙去處。

　　在東歐諸國，吉普賽人的謀生手段也大有改觀。匈牙利諾格拉德美爾地區的三分之一居民是吉普賽人，他們開辦了一個可容納二百四十名工人的合作鑄造廠，該廠三個吉普賽人廠長都當選為州政府官員。在克羅埃西亞的巴拉尼亞南部礦區，有一千五百名吉普賽人從事礦工等職業，其中四十多人參加了區政府的工作。在吉普賽人的故鄉印度，大篷車的好把式已經成為三輪出租車的司機，零敲碎打的泥瓦匠已經成為高樓大廈的建築工人。

　　無論何時何地，吉普賽人總能找到自己的最佳位置，總能找到屬於自己的空間。雖然他們的生活注定是漂泊不定、動盪不安的，然而，不正是這種流動的變化，才使他們的人生顯出別樣的光采哩！

市場：一隻看不見的巨手

　　吉普賽人謀求生計的智慧歸結起來無非一條：適應環境、適應市場、適應顧客。在高度工業文明的發展之中，吉普賽人的世襲經濟領地正逐漸縮小。這是吉普賽人無可奈何的悲哀。然而，抗拒這種歷史的潮流無異於自我扼殺，因此，明智的吉普賽人順應時代趨勢，在現代社會的夾縫裡尋找重新發展的立足點。編籃業的幾度興衰恰是例証。

　　吉普賽人紮根歐洲的數百年，正值歐洲人走出中世紀的陰霾，迎來新世紀曙光的偉大時代。傳統的小農經濟遭受商品化浪潮的致命打擊，市場化的洪流擊潰了封閉自足的地理界定，工業化這一歷史性、革命性的命題一瞬間觸動了社會深層每一根纖細的神經，牧歌縈繞的美麗鄉村在城市化的喧囂中正完成一次深刻的蛻變。

　　人類從來沒有像此刻這樣自信地憧憬著未來的壯麗圖景，從來沒有像此刻這樣傷感地懷戀著已逝的悠悠歲月。工業革命改變了社會經濟秩序，也改變了人們自身。數百年來衣鉢相傳的古老手工業伴隨著大工業的蓬勃發展而日漸萎縮。吉普賽人的生活方式和生產方式正經受著巨大的威脅和挑戰。研究吉普賽文化的英國學者菲茨杰拉德談到這裡，憂患之心躍然紙上：「大生產聽起來好似鄉村手工業的喪鐘，而內燃機的出現則最終把棺材給釘死了。」傳統手工業是依靠師徒關係或家庭的血緣紐帶來傳遞、維繫的，而機器化大生產卻把勞動力從繁重瑣碎的手工業勞動中解放出來，大量勞動力從農村流向城市，傳統的師徒關係瓦解了。同時，大規模的生產方式迅速降低了產品的價格，嚴重衝擊著農村的手工業品市場。於是，手工業勞動終於讓出了產業的主導地位。在英國，編籃業、蜂箱製造業

和白鐵打製這三項傳統的吉普賽手工業銷聲匿跡是明顯的。沿途吆喝的白鐵打製業可以說本是吉普賽人的專利，但是當沃爾華茲等地已經能大批生產廉價的鐵壺時，舊壺修理就無利可圖了。蜂箱製造業也是如此。

菲茨杰拉德曾回憶：在小說家查利・金斯利的時代，還有一些從事這一行當的吉普賽人，如李氏家族、史密斯家族、格列高里家族等，流浪在靠近埃佛斯利的哈橋窪地。直到二十世紀二〇年代，萊威・卡雷一家仍然以出賣手製的養蜂箱為生。但是到了五〇年代，他基本上認定這些吉普賽匠人在英國已不復存在。

編籃業雖然並未絕跡，但狀況也今非昔比。塑料等新型材料的推廣使用，一舉擠垮了吉普賽柳條筐所占據的市場優勢。編籃業與打鐵業不同，並非吉普賽人的發明，而是西歐農村的特產。吉普賽人的編籃技藝是從西歐鄉村手工業者那裡學來的，隨著時光的流逝，這一技藝在西歐逐漸失傳，而在吉普賽人中間卻代代相傳下來，最終反客為主，成為吉普賽人的專長。這裡有個例証足以說明問題：吉普賽編籃匠稱呼編籃用的燈芯草為「junkers」。這顯然不是一個羅姆語詞彙，而是拉丁詞彙「juncus」的變形。這詞彙原先是廣泛流傳於英國漢普郡和格洛斯特郡鄉間的農夫之中的。

在社會經濟生活的競爭中，適應環境、適應市場的參與者才能生存下去。吉普賽人的謀生手段靈活多變，他們善於學習外族的技能和知識，為我所用，不斷汲取他人的經驗，調整自我，始終把自己置於一種變革和超越的生存態勢之中。吉普賽人擁有開放的健康心態，他們從不畏懼外族的生產方式會改變自己的本色，相反，他們勇於發現和接受一切具有市場競爭力的全新生產方式。當然，這種新型生產方式的吸納也是有選擇

性的，總是適合於吉普賽人自身的客觀條件。一些西方學者考証，除了鐵匠、樂師等個別職業之外，上百種吉普賽「傳統」職業其實都是源於歐洲各民族生存智慧的結晶；而它們在吉普賽世界的確立，也正體現了這個流浪民族的勇氣和智慧。

編籃業是一項極其專業化的工作，它不僅需要籃筐的編織技術，而且最好擁有若干畝柳樹苗圃，能固定地提供優質的原材料，因而這又牽涉到種植、砍伐、分類、貯存等一系列專業技能。一些吉普賽人因此在一定區域裡定居下來，他們擁有相當數量的柳樹苗圃，部分部族成員在周邊地區從事與流浪相關的職業，另一部分則在聚集地種植柳樹，編織籃筐。

嚴格地講，編籃業並不完全適合於吉普賽人的生活習性。因為吉普賽人是四處遷徙、游移不定的，而編籃匠則需要擁有固定的住所，常年培植柳樹。但是，吉普賽人聰明地協調了這一矛盾。除了上述方式之外，大多數吉普賽編織業者仍然流浪各地，只是沿途從當地居民那裡購買柳枝，或砍伐野生柳樹，現編現賣。這樣一方面免去了租地的煩瑣和時間的限制，另一方面也不會侷限於一地的市場，而是在流動中迅速打開了整個市場。編籃業在吉普賽人這裡變成了一種工業，同時由於市場的地域變動，刺激了生產本身。這也就是工業革命前編籃業在西歐鄉間日漸萎縮，而在吉普賽人中間蓬勃興盛的奧祕。

就加工業而言，編籃的技能要求也是相當複雜的，首要的前提條件是工匠必須對各種編織材料了如指掌，用途不同的籃筐需要使用質地不同的柳枝和燈芯草。據說，正宗的吉普賽編籃匠能分辨三十五種不同的柳枝，並且能編出各種用途的籃筐，如水果筐、育嬰搖籃、煤筐、旅行筐以及捕捉龍蝦、鰻魚和鳥類的誘餌籃等。所有這些技能都不是一朝一夕能夠掌握的，而是需要工匠們從學徒時期就開始摸索並且體驗一生的。

毫無疑問，當傳統的師徒關係被資本主義生產關係所取代，這種民間的技術也就逐漸退出了歷史的舞台。吉普賽人成為工業文明時代維繫古老文化的末代傳人。

編籃業的失傳當然也是市場需求萎縮的結果。今天，大規模複製和傾銷的消費品已經充斥了我們全部的生活空間，不少傳統手工製品已放棄原有的實用價值，而成為一種工藝品。吉普賽人主動適應這種市場的變化，在西歐的一些旅遊勝地，吉普賽匠人編製的裝飾籃筐精緻而古樸，備受各地前來的遊客所青睞。儘管黃金時代一去不復返，但是，一部分吉普賽人仍然以此頑強地生存下去。

也許這些瀰漫著舊日溫馨的民間技藝終究是要消亡的，但是吉普賽人不會消亡，因為他們是、永恆變動的，在每一種位置上，始終能夠找到生存的依據和轉機。

歐洲大陸的老鐵匠

吉普賽人從事各種手工業，其中最擅長的是打鐵。這是一項極其繁重艱苦的工作，外族人一般不太願意介入，勤勞的吉普賽人卻將它承攬下來。同樣，這是一項需要高超技能的工作，智慧的吉普賽人為此傾注了一代又一代人的心血和才華。

打鐵是吉普賽人最普通的職業。在歐洲人的記憶中，早期的吉普賽人是以鐵匠的身分出現的，因此，鐵匠和吉普賽人常常被視為同一類人。這就無怪乎在希臘語和阿爾巴尼亞語中，「吉普賽人」和「鐵匠」是同一個詞。另外，羅姆群中卡爾德拉薩人當年曾是白鐵匠，因擅長製鍋而得名。卡爾德拉薩Kalderasa一詞來自於羅馬尼亞語Kaldéra，意思是大鍋；也來

自於義大利語Calderai，意思是製鍋匠。在這裡，打鐵職業的稱呼與部落名稱互相通用。

　　吉普賽人選擇打鐵這一行當，作為謀生的主要手段，據說還有一段古老的傳說。那是在上帝一手締造人類社會之後不久，聖彼得四處奔波，召集全球各族百姓派代表去上帝面前申請工作。當他找到吉普賽人時，這位老羅姆正躺在草堆上曬太陽。無論聖彼得怎樣苦口婆心地勸說，吉普賽人始終無動於衷，只顧睡大覺，一心想著妻子偷玉米回來，可以飽餐一頓。結果一覺醒來，餓得眼冒金星，而妻子卻無功而返。他這才想到上帝。然而上帝卻說體面的工作都已經分派完畢，唯一剩下的就是偷竊。飢不擇食的吉普賽人一口應承下來，但心裡直犯嘀咕。聖彼得看破吉普賽人的心思，於是就說：「聽著，吉普賽人，如果你想當個正派人，就別再這麼偷懶，等著天上掉下餡餅來；也別再往那些勤勞的加德扎❶的院子裡扔髒東西了。你要能做到這一點，就有事情給你做——這種職業加德扎們都不想幹，因為它太苦。吉普賽人，你想像得出這是個什麼行業嗎？——打鐵。如果你想要像所有人那樣找到活兒幹，就幹這個吧！神聖而萬能的上帝沒有跟你提到這個，是因為他知道你血管裡的血很骯髒。我想跟你說的就是這些。」

　　傳說終究是虛無縹緲的，吉普賽人對鐵匠這一職業的選擇其實是市場分析和把握的結果。在傳統的農業社會，鐵匠提供農業生產工具，是一個必不可少的環節。雖然城市裡邊也有補鍋等市場需求，但鐵匠的主要市場是在農村。農村市場相當分散，如果鐵匠固定設點於集鎮，對遠途的農民多少有些不便，這就需要鐵匠具有一定的流動性，恰巧與吉普賽人流浪的生活

---

❶　吉普賽語對「外族人」的稱呼。

特點相吻合；加之外族人一般不願涉足打鐵工作，因而吉普賽人理所當然地成為歐洲鐵匠的骨幹力量。

吉普賽鐵匠經驗豐富，技藝精湛，歷來深受歐洲農民的青睞。他們的打鐵絕技可以一直上溯到他們的祖先——古印度的多姆人。在歷史上，多姆人曾以冶煉和製造金屬器皿而聞名。古印度雖說不是鐵器製造的發祥地，但早在公元一世紀，冶煉、製鐵等方面已相當發達。古羅馬的政治家普尼里認為，印度的鐵質量最佳。相傳建於公元四至五世紀的印度中部地區、高十七呎的達爾鐵塔，就是這種製鐵智慧的結晶。

同今天走江湖的吉普賽人一樣，相當多的吉爾吉特多姆人也操持小爐匠的行當。他們帶著簡陋的工具，走鄉串戶，為當地農民修理農具，焊盆補鍋。與其他民族的鐵匠不同，多姆人所使用的風箱不是木製的，而是兩個用皮革製成的口袋。鼓風方法也非常奇特，不是用手拉，而是用腳踏，這樣可以騰出雙手幹活。這種風箱在印度德干高原阿爾斯族中也使用過，而阿爾斯族在印度興都王朝興起之前曾經受過多姆族的統治。後來，歐洲的吉普賽人也使用這種獨特的鼓風器具。足見他們之間的親緣關係。

吉普賽人不僅在農村從事打製、修理農具的工作，而且在城市接受訂貨。在工業革命尚未形成燎原之勢的歐洲，其他行業的城市手工業者一般都找吉普賽人打製鐵釘等小鐵器。除了打鐵之外，吉普賽人還從事銅器製造。他們在金屬加工業方面具有非凡的才能和造詣。

隨著工業生產的日益規模化，吉普賽人的鐵匠行當受到了致命的衝擊，一些吉普賽鐵匠最終走進了機械化的車間，成為現代製鐵工人。雖然他們的行當正在日漸消失，但是他們的智慧將是永恆的。

不用魚鉤的吉普賽「釣」術

　　吉普賽人的傳統捕魚技術名聞遐邇。許多歐洲的吉普賽學者在考察報告中都曾記載了一些以捕魚為生並因此而美名遠揚的吉普賽漁夫。吉普賽人的祖先來自廣袤的印度高原，又艱難地穿越了乾涸的中東地區；毫無疑問，捕魚業在這段漫長的行程中還沒有萌發起來。歐洲海岸線綿長，水網密布，魚類資源豐富，這為捕魚業的發展提供了天然的有利條件。進入歐洲大陸以後，謀生成為吉普賽人的焦點問題，自然環境和市場需求的改變迫使他們重新抉擇生活的出路，捕魚業對於漂泊漫遊的吉普賽人來說，確實是一種理想的選擇。

　　在某種意義上，吉普賽人的流浪本身也是逐水而居的。水是生命的第一需要，吉普賽人確定棲居地的首要標準便是臨近水源，也就是臨近能夠提供清潔淡水的江河湖泊。這事實上也為捕魚業的發展創造了契機。可以說，捕魚業的興盛充分體現了吉普賽人適應環境和利用環境的能力。

　　吉普賽漁夫自有其獨到的絕招。常規的撒網捕魚固然也屢見不鮮，但其技巧與外族漁民大同小異，難以體現吉普賽人的特殊智慧。善捕魚者在吉普賽人中間的比例非常之高，原因在於吉普賽人的捕魚往往是即興式的，除了技巧，無需任何輔助工具，甚至拋棄了捕魚業的根本——漁網和魚鉤。優雅的垂釣方式也同樣遭到排斥，因為它的慢節奏不符合吉普賽人爽快的性情。

　　那麼，吉普賽人又是怎樣捕魚的呢？

　　他們的這套絕活只需要兩樣東西：靈敏的感覺和一雙手。正宗嫡傳的吉普賽捕魚祕訣是「全天候」的，它分白天和夜晚兩套工作法則。

讓我們先看看吉普賽人在月夜下是如何騙魚兒上「鉤」的。入夜，萬籟俱寂，涼風習習，朦朧的月色籠著平靜的水面，魚群都墊伏在水底的黑暗之中。此刻只要有一束明亮的光線刺穿水面，靜默的魚兒就會興奮起來，搖頭擺尾地循光而來。這時，胸有成竹的吉普賽人來了。他先察看一下水面和地形，敏銳的直覺就會準確地告訴他，哪片水域下面極可能潛伏著魚群。接著，他點燃一支小小的火把，或者打亮一支手電筒，選擇最佳方位，擺開架勢。只見他左手握著火把，緊挨著水面，讓光線能直射水底，兩眼目不轉睛地注視著光環，右手則隨時準備出擊。不一會兒，我們可以看見一條剛睡醒的魚兒懵懵懂懂地游了上來，而且好像對光源特別好奇似的，居然探頭探腦地露出水面，然後一下子甩尾蹦向光源。說時遲，那時快，吉普賽人的右手像鐵勺一樣準確無誤地兜住離了水面的魚兒，隨即一把摸回岸上。魚兒也許還沈醉在光怪陸離的夢幻中，卻哪知末日來臨。一尾得手以後，吉普賽人繼續「故伎重演」。一旦失手，他就不得不易地再戰。漏網之魚會回去通風報信，此地的魚群便立刻逃之夭夭。如此這般，一宿勞碌，數十尾的收穫當不在話下。

　　白天的徒手捕魚則更加扣人心弦。這是一種完全公開的「誘騙」。以捕捉鱒魚為例：捕捉地點一般首先選擇溪流的下游盡頭處，因為在下游即使失手驚動了魚兒，讓它死裡逃生，也不會影響棲息於上游的伙伴，這樣還可能去上游捕捉，不至於無功而返。起先還是尋找合適的水域。吉普賽人會斷定哪塊礁石之下藏著肥嫩的鱒魚，一般總是八九不離十。這時，最為關鍵和緊張的一幕到了，吉普賽人蹲下身子，把手小心翼翼地探入礁石底下，凝神屏息，以一種極其溫柔的方式輕輕觸摸鱒魚的腹部。這第一次觸碰是最危險的，初學者常常會因為沒有

掌握好火候而把魚嚇跑了。一旦鱒魚接受了這種輕柔的觸碰，你就可以用手指大膽地撫摸它平滑的腹部，但手勢仍必須溫柔有加。鱒魚彷彿很陶醉於這種無限快感的「愛撫」，不多久便迷迷登登地喪失了警惕。一般來說，只要你此刻不再笨手笨腳，成功就在眼前了。在最後的關口，吉普賽人又顯示了柔中有剛的成熟技藝，他的拇指和食指沿著魚腹，正在緩緩地向前移動，直至指尖能感覺到鱒魚一張一合的鰓部；剎那間，他猛地將手指插進張開的魚鰓之中，同時鐵爪般地卡緊魚身，把尚在掙扎的魚兒提出水面。

這套變戲法似的捕魚技巧令人瞠目結舌，尤其是常常能逮住特大的鱒魚，更使局外人迷惑不解，以致懷疑吉普賽人具有神祕的靈性感召。

確實，吉普賽人徒手捕魚正是依靠著一種與動物相「通」的素質。但這並不神祕，這是經歷無數實踐之後積累而成的智慧結晶。

吉普賽人大多生活困頓，不可能置備漁船、尼龍魚網等昂貴設備，不可能像外族漁民那樣憑藉工具的優勢來取勝，唯一值得自豪的是其獨一無二的技巧。吉普賽人的謀生建立在對自身充分開掘的基礎之上，這本身也証明了一種生活的智慧。

高智商打獵

吉普賽人絕人絕活，打獵技巧獨一無二。這種「絕」首先在於吉普賽獵手不用獵槍，徒手打獵是最乾淨俐落的拿手好戲；而且更關鍵的是，吉普賽獵手不僅僅是用眼和手去打獵，更主要的是用腦，用心去追尋和網羅獵物。打獵，在吉普賽人

的謀生方式中，是一件地地道道的智力型細活，這是在任何一個以體力取勝的遊牧民族中所無從看到的。

說起打獵，人們通常會自然地聯想起獵槍。工具的先進使這場獵手與獵物較量的優勢砝碼一下子加到人的身上；甚至有時候這種較量就直接簡化為槍與獵物的較量，人的智慧成分在一定程度上被削弱了。

吉普賽人打獵不用槍，獵物存在著最大限度的反抗與逃逸的可能，而人的成功就在於把這種可能縮小到最低程度，甚至為零；達到束手就擒的地步。同流浪的愛爾蘭匠人一樣，吉普賽人的捕獵工具不外乎這樣幾項：一隻彈弓、一根短柄的長鞭、幾張網、一對訓練有素的獵狗，還有他們自己的雙手。

吉普賽人不喜歡設置陷阱之類的常規捕獵方法，因為這種守株待兔的方式耗時費力，而且獵手始終處於被動地位。他們喜歡快捷有效地主動出擊。這種捕獵方式需要具備極其豐富的動物生活常識。吉普賽獵手似乎天生擁有一種奇異的「第六感官」，他們能知道獵物正在想些什麼。一般情況下，獵手與獵物處於一種對立的關係，獵手的目的是千方百計將獵物置於死地。而吉普賽獵手顯然不同，他們生來愛好動物，熟悉動物，懷著一種執著而細膩的感情觀察飛禽走獸的生活習性。在他們的眼裡，想要捕獵動物，首先是要與動物交朋友。因此，他們把捕獵看成一種遊戲，一種智力和技巧的遊戲，反對血腥的屠殺。也正是因為擁有這樣一種微妙的心理狀態，也就產生了一種彷彿能與動物相溝通的特異感覺；他們的捕獵很大程度上是「跟著感覺走」。

吉普賽獵手能站立樹下，揮舞長鞭，以閃電般的速度悄悄擊落棲居枝頭的雉雞，卻不驚動並列枝頭的另一隻雉雞；然後再如法炮製，將這隻「木雞」也盡收羅網。這不僅需要掌握運

鞭的高雅技巧，而且還必須熟悉雉雞的生態習性。同樣，吉普賽獵手還能在光天化日之下輕而易舉地徒手捕捉歡蹦亂跳的野兔，因為他們了解野兔的奔跑規律。這些聽起來好似天方夜譚，但卻是許多深入吉普賽部落的探險家親眼目睹的事實。在其他工具的運用方面，吉普賽人力求簡便而高效：捕鳥自然是用彈弓，獵兔則是用兩條狗加一張網。

　　吉普賽人訓練獵犬的功夫是獨一無二的。獵犬在吉普賽部落中作用廣泛，不僅是捕獵的好幫手，而且還是部落安全的「保鑣」，吉普賽人集體遷徙時，前前後後總有眾多獵狗在奔跑警戒。吉普賽獵手訓練獵狗也同樣建立在一種愛心的基礎上，努力達成人與這種性靈敏慧的動物之間的默契，讓獵犬成為獵手友善的伙伴。吉普賽人選擇的獵犬基本上都是純種的靈提。這種狗體形修長，四條腿長而有力，奔跑迅速，眼光銳利，反應敏捷，歐洲許多國家都把這種狗用於賽狗或馴狗表演。優秀的吉普賽獵犬能了解主人的簡單話語和手勢，招之即來，揮之即去；甚至在打獵的緊張過程中，主人只要一聲嗯哨，無需贅言，獵犬便能迅速執行主人的指令，從不懈怠，也從不誤解。為了生存，吉普賽人常常偷獵，這時獵狗能準確地識別警察和看林人。一旦危險來臨，它們會悄無聲息地隱入叢林深處。獵犬能記住多條回家的迂迴路線，它們從不循規蹈矩地跟在主人身後溜達，而是喜歡沿著互不相同的路徑回家，隨時隨地搜尋獵物的蹤跡。吉普賽獵犬的各方面素質絕不亞於賽狗場的冠軍犬。

　　捕捉野兔是吉普賽人的拿手好戲。第一步程序是尋找野兔可能出沒的地點。一般來說，草木茂盛的曠野、丘陵地帶都可能出現野兔。但吉普賽人能憑感覺，比較精確地推算出一塊面積不大的區域。這無疑減少了搜尋的盲目性。然後，他們會根

據野兔的生活規律，迅速地找到兔窩的進出口。野兔雖機敏，但畢竟頭腦簡單，遇到危險，不會隨意找個洞躲藏，而只是拚命往家趕。野兔的進出口通常有兩個，位於土丘之下草茵覆蓋的角落，極其隱蔽。獵手找到進出口後，就用一張網迎候在其中的一個洞口。這時，兩隻獵狗也各就各位，其一虎視耽耽地守候於另一洞口，其二站在洞口前的野地裡待命。獵手吹出低低的一聲口哨，野地裡的獵狗便狂吠起來，一頭扎進草叢裡，驅趕野兔。獵手的感覺一般不會有太大偏差，選中的這個地域準保有野兔潛伏。於是，獵狗左奔右突，驚恐萬狀的野兔便跳將起來，朝土丘下的巢穴狂奔。可跑至家門一瞧，另一隻獵狗已凶神惡煞地把守在那裡，只得掉頭再尋第二個入口，背後追兵又緊追而來。野兔見前方洞口沒有看守，便一古腦兒鑽進去，誰知卻是投進了嚴嚴實實的網窩。此時，靜候一旁的吉普賽獵手果斷地抽出木棒，未等野兔尖叫出聲，就一棒將它擊昏在地。這一方面是唯恐就擒的野兔再脫身而去，另一方面也是為了避免過於興奮的獵狗猛撲過來，撕咬獵物，以至將網扯爛。這樣的圍獵過程一般持續數十分鐘便可大功告成。收兵之後，獵手又將繼續開闢新的獵物。

　　打獵是吉普賽人的短期性謀生手段。當經濟拮倨時，部分吉普賽人便以打獵來填飽肚子，野兔、雉雞、刺蝟等野生小動物都是他們偏愛的佳肴。而當野味在城鎮出現市場需求時，他們就出賣獵物獲利。

吉普賽拳王

　　今天的世界拳壇已成為美洲黑人選手釣天下；而你可曾料

想，一百多年前，吉普賽人也曾雄霸拳壇，不可一世。昔日的雄風展示著吉普賽人超群的體能素質和智慧光華。智勇雙全，這是對於這個流浪民族的恰當比喻。

拳擊，也許是現代體育競技中最為驚心動魄、最具有「血腥味」的項目了。田徑和球類比賽所謂的「擊敗對手」是抽象性的，已經塗抹上人類遊戲的自我色彩。唯有拳擊才是「動真格」的，雙方拳擊手在方寸之域中相互搏殺，力量、機智、毅力等抽象概念必須通過雨點般的拳頭，才能淋漓盡致地表現出來。擊垮對方就是將敵手擊倒在地，不得翻身。

人類是在與大自然的艱苦廝殺中走向成熟的，崇尚力量、崇拜強者已成為人類的天性。從古希臘的人體雕塑到現代社會的健美比賽，無不揭示著一個永恆的主題：力量是一種美。拳擊比賽把這種對於力量的追求和對於陽剛之美的追求推向極限，它能喚醒那些沈積於人們生命底蘊、也許早已淡漠的野性、原始的衝動和無與倫比的自信。

動物之間也存在著力量的角逐，但這是肉體本能的拚殺；原始人類同樣存在著殊死的搏鬥，但這是野蠻的印証。人類從蠻荒中走出，成為萬王之王、萬靈之靈的「智人」，拳擊這一力量崇拜的外化也就擁有了智慧的魅力。

吉普賽人精於拳術，這在一個世紀前的歐洲是眾所周知的。當時的拳擊賽還沒有使用拳擊手套，真可謂是「赤手空拳」的肉搏戰了，其激烈和危險程度可想而知。僅就英國拳壇而言，吉普賽人就是一支不容抵擋的強勁力量。根據賽誌記載，不少全英拳擊大賽的冠軍席位曾被吉普賽人獨攬，比如，一八四四年奪得最輕量級冠軍的吉普賽人湯姆‧史密斯、一七九〇年奪得中量級冠軍的汀曼‧呼珀（他的吉普賽真實姓名是威廉‧古珀）、十九世紀初奪得中量級冠軍的波什‧普律斯、

一八五七年奪得重量級冠軍的湯姆‧賽厄斯（正是他與希南展開了著名的大決戰），還有喬伊‧高斯和曾奪得世界冠軍的拳壇宿將傑姆‧梅斯等等。隨著拳擊手套的廣泛使用，拳擊比賽日益規範化，一些吉普賽好手因種族歧視而被排斥在賽場之外，因而冠軍榜上的吉普賽名字也悄悄失蹤了。但是，仍然有一些勇敢的吉普賽挑戰者創造了輝煌的戰績。比如，曾勇奪世界冠軍的迪格‧斯坦雷和摘取全英冠軍的丹尼爾斯，另外還有部分吉普賽血統的喬伊‧波克、派德拉‧帕馬、喬伊‧貝基特、傑姆‧道里斯考等人。道里斯考曾一度被人誤以為是威爾士人，其實他的母親是吉普賽人。他自小跟隨一個名叫鮑斯威爾的吉普賽攤販浪跡於威爾士地區，並在那裡學會了拳擊。

　　吉普賽人參與職業拳擊運動的部分原因是為了金錢。拳擊比賽歷來是一項報酬豐厚的競技運動。今天，高水準的職業拳擊賽出場費高達百萬美金。當然，與此相比，一百年前的酬金數是微乎其微的。然而，對於普通職業收入而言，拳擊賽報酬畢竟是充滿誘惑力的，這是一個富於冒險和刺激的謀生手段。吉普賽人的經濟來源難以穩定，朝不保夕，而拳擊賽一朝風險也許就能換來半世豐衣足食，何不一試身手呢？當然，拳擊賽終究還是一種生命的赤裸裸對抗，拳手也為此付出了代價。

　　吉普賽人的拳擊風格是力量型與技巧型的結合。吉普賽拳手體格健壯，身材勻稱，協調性好，反應敏捷，攻擊速度和力度都是一流的。他們在各種重量級別上都有優良表現，可見吉普賽選手的整體發展是均衡的。另一方面，吉普賽拳手善於用腦子參加比賽，而不單純憑藉力量。吉普賽拳手創造的經典攻擊模式：頭部微垂、胸膛內收、兩肘緊靠兩肋、雙拳攻防錯落有致，在當時的拳壇曾廣為流行，深刻影響著世界拳擊技術的發展。一百年前的歐洲拳壇，比賽規則尚不健全，不少爭霸賽

無異於野蠻的格鬥，流血事件時有發生；而吉普賽人的成功恰在於把非理性的角鬥轉化為智慧的較量，以智取勝。

拳擊場上的凱歌証明吉普賽人與懦弱無緣，是一群直面生存險難的無畏勇士。但是，這絕不意味著吉普賽人是一群好鬥的暴徒。人的外貌有時是具有欺騙性的，吉普賽人強悍的外表之下卻跳動著一顆平和善良的心。歷史事實也提供旁証，吉普賽人進入世界各地，並沒有像一些蠻族入侵一樣採用軍事征服的方式，而是以一種和平滲透的方式達到的。在英國的吉普賽人曾與流浪的愛爾蘭匠人發生過一次衝突。當時，凶悍的愛爾蘭匠人集團第一次進入威爾士地區，極其粗暴地對待聚集在那裡多年的吉普賽部落。眼看一場惡鬥就要降臨，但最終還是吉普賽人委曲求全，悄悄地遷往地方。吉普賽人並非沒有力量和勇氣戰勝蠻不講理的入侵者，而是因為大規模的流血方式不符合他們的生活態度。

拳擊也僅僅是吉普賽人的娛樂方式和謀生方式，而絕非生活方式本身。許多年過去了，世界拳壇已不見吉普賽人矯健的身影，然而，昨日的輝煌依然銘刻在這群流浪者的記憶深處，像一尊尊珍貴的獎杯，給懷舊的人們帶去一份驕傲。

壟斷歐洲：衣夾工匠的智慧

吉普賽人的傳統手藝大多是生產簡易的生活消費品。由於材料和技術的更新，這部分市場的面貌急劇變化，以致吉普賽工匠的領地銳減。但是，有一種手藝幾百年來仍然在部分國家保持著良好的發展態勢，這就是一般人從不注意的衣夾製造業。在英格蘭南部等地區，這一市場基本上為吉普賽人所壟

斷。這一切不得不歸功於他們鍥而不捨的精神。

數十年來，吉普賽人製作衣夾的技藝依然遵循傳統。沃爾特・雷蒙（Walter Raymone）在《英國鄉村生活》一書中記述了一九〇五年他在索美賽得郡訪問一家以製衣夾為生的吉普賽家庭的經過。他所描述的製作方法與今天並無二致。

當雷蒙走進吉普賽營地時，夜幕已經悄悄降臨。他發現這其實只是一個簡陋的宿營地，沒有大篷車，只有雙輪板車和兩個小帳篷靜臥在空地上。一位中年吉普賽男子端坐在熊熊燃燒的篝火旁，宛如一尊靜默的雕像，他的身後是一大堆形狀各異的空鐵罐。

雷蒙緊挨著吉普賽男子坐下，只見他用火鉗夾起一只空鐵罐，伸到火焰中烘烤。不一會兒，罐頭外殼的商標紙燃燒起來，亮晶晶的焊錫也迅速熔化滴落下來。如此加熱片刻之後，他就把灼熱的白鐵皮放在地上冷卻，接著用錘子將捲曲的鐵皮展平，用細砂磨去上面的斑斑污跡。

「我猜想你是挨家挨戶上門索要這些空罐頭的。」雷蒙好奇地詢問吉普賽男子。

「不！不是這樣來的，大多數是從商店裡搞來的。我們也把衣夾賣給這些城鎮的商鋪。農村市場幾乎沒有這種需求，農民們把衣服晾在籬笆牆上，用不著這些費事的玩意兒。但在城裡就不一樣了，人們在圍牆環繞的花園裡晾衣服，就得拉繩子，使用衣夾。」

「這些衣夾你賣多大價錢？」

「賣給商鋪一先令一籮，共十二打。」

「一天能做出幾籮呢？」

「幹得好的話，一天三籮。」吉普賽人揉揉眼睛說：「可

是那必須天不亮就起床。」❷

雷蒙結識的吉普賽男子是個相當不錯的衣夾匠。衣夾構造雖簡單，但手工製作卻需要高度的技巧。一小時四打的產量應當說是相當高效率的。

一般而言，一個衣夾匠需要的工具並不多：一把鉗子、一把錘子、一個木砧板、一把刀和一些釘子。砧板其實是一根木樁，大多是用山毛櫸等硬木製成的，直徑約二吋。吉普賽人把這根木樁插入泥地中，地面部分約一呎高，恰好適合於人坐在地上工作。事實上，整個衣夾製作過程都是坐著進行的。製衣夾使用的刀比較隨便，但必須鋒利，因為是用來刮削樹皮和劈開柳枝的。一般外人很難掌握這一奇妙的刀法，原因在於我們多為右撇子，習慣於右手持刀，左手握柳枝，上下來回削皮。但吉普賽人恰恰相反，他們左手持刀，像削果皮一樣，一圈圈地削去柳枝的樹皮，再切成五吋長的小段，一劈兩半，放在陽光下曬乾。鐵釘是用於固定衣夾上的白鐵皮圈的，一般一個衣夾安上一個鐵釘即可。但也有一些吉普賽工匠根本不用釘子，他們只是用鉗子把鐵皮圈撐緊在衣夾上。

衣夾製造業是一種家庭手工業。丈夫在家從事生產，妻子在外跑銷售，這種家庭搭檔是極其常見的。但菲茨杰拉德還敘述過一個他所親見的家庭衣夾生產流水線。每一個家庭成員都是這個高效運轉的流水線上的一個齒輪，他們各司其職，各盡其能。

這個大家庭包括吉普賽老工匠馬基、妻子奧蘭達、兒子丹尼爾、女兒艾麗斯，還有他的弟弟伊賽克和他的妻子米蘭達、

---

❷ 參見布賴恩·凡賽 — 菲茨杰拉德：《英國的吉普賽人》，第一九三～一九四頁，英文版，一九五一年。

女兒德勞斯。

　　老馬基總是喜歡坐在流水線的首席，他幹的活是削樹皮，神態嚴肅，動作協調，儼然一副頭兒的氣派，一圈圈青色的樹皮猶如優美的弧線，從他的指間滑落。坐在他右邊的是妻子奧蘭達，這是一位異常能幹的吉普賽中年婦女，左手持刀，右手握錘子。她用左手從丈夫手中接過削皮的樹枝，放在兩腿之間的木樁上，然後，像切菜似地把樹枝切成若干段。當然，切法顯然不同。只見她將刀刃擱在樹枝上，右手提起錘子，在刀背上一拍，手起錘落，切面光滑。

　　有趣的是，奧蘭達切下的樹枝幾乎都是一般長短，令人歎為觀止。菲茨杰拉德隨意撿取了五十根小樹枝，發現其中三十九根分毫不差，都是五吋，六個稍過五吋，但僅限於五‧二五吋之內，五個不到五吋，但絕對超過四‧七五吋，其精確程度可想而知。奧蘭達的兒子丹尼爾緊挨著她右邊坐著，手持一把鉗子和一長條白鐵片。他操作的是第三道工序：縶樹枝。他把細長的鐵條緊緊地纏繞在小樹枝上，但他不用釘子固定鐵條，而是用鉗子撐緊。丹尼爾手腳麻利，儘管常常難以趕上母親的節奏，但也不至於拖累整個流水線。再往右是艾麗斯，她是一位文靜的吉普賽女孩。她拾起鐵皮纏緊的小柳枝，用刀在中間輕輕劈開一條縫。

　　接著，米蘭達和伊賽克合作進行最後的切割成型工作，他們刀法嫻熟，分別切去多餘部分，使柳枝內側呈現出燕尾狀，衣夾製作工序也就此完成了。他們九歲的小女兒德勞斯用細繩把衣夾成品一打打地捆紮起來，整整齊齊地排放在提籃裡，準備上街兜售。這條流水線的總設計師老馬基告訴菲茨杰拉德，除了年幼的德勞斯之外，其他人的位置都可以互換；他們都是多面手，可以勝任任何一道工序的操作。

奧蘭達、米蘭達和艾麗斯還負責推銷。她們一方面挨家挨戶上門銷售，另一方面聯繫三家當地最大的商鋪，定期大批量地收購他們的製成品，收購價在一打三便士左右。「好一個慘不忍睹的價錢！」馬基每每總是眨巴著眼抱怨。但無論如何，這畢竟是一個固定恆久的市場需求，加上流水線操作大幅度提高了工作效率，產量是「單幹戶」所無法比擬的，所以薄利多銷，馬基一家的財富積累成倍增長。

吉普賽人的謀生空間正在無奈之中日漸縮小。衣夾製造業雖然今天仍有一定市場，但已經遠離車水馬龍的繁華都市，退居於寧靜的田園。在一些國家的農村地區，每逢夏季，出售衣夾的吉普賽婦女便雲集各地集市。因為製衣夾用的新鮮柳枝事先需要在陽光下曬乾，於是夏季就成了傳統吉普賽衣夾的高產季節。而當這些手拷藤籃的吉普賽婦女向人們走來時，又有誰知道這此起彼伏的叫賣聲中，隱含著多少對昨日情懷的眷戀和對未來生存的希冀？

Chapter 5
浪漫的智慧花蕊

忠貞：燃燒一生的聖火

　　「忠貞」是吉普賽人婚姻觀念中最重要的信條。沒有任何力量能夠阻擋兩顆心的交融和撞擊，吉普賽人的法律也從根本上保証和約束婚姻的穩定。這是家庭和部族穩定和睦的基礎，也是吉普賽民族生存與發展的前提。

　　法國作家梅里美在小說《卡門》中這樣描寫吉普賽人：「奚太那❶對丈夫的赤膽忠心是千真萬確的。為了挽救丈夫的危難，她們能受盡辛苦，歷盡艱難。他們對自己民族的稱呼之一，羅梅❷，原義是夫婦，足以說明他們對婚姻關係的重視。」在吉普賽人看來，婚姻意味著情感的成熟，意味著家庭的責任。一旦有情人成為眷屬，夫妻間相互承擔著責任，雙方平等互愛，一方對另一方要付出一生的摯愛和責任心，因為兩

---

❶　西班牙人對吉普賽女性的稱呼。

❷　即 Rom，羅姆。

人已經結成了生死不渝的整體。正像《巴黎聖母院》中甘果瓦和吉普賽女郎愛斯米拉達的問答——

> 「你知道什麼是友誼嗎？」他問道。
> 「知道的！」吉普賽女郎答道：「那是像兄妹樣的，兩個相觸而不相連的靈魂，就像一隻手裡的兩根手指頭。」
> 「愛情呢？」甘果瓦問。
> 「呵，愛情嘛！」她說，聲音顫抖著，眼睛閃著光，「那是兩個人合而為一；那是一個男人和一個女人合成一個天使；那就是天堂。」

天堂是充滿愛和幸福的，但是，不承擔責任的婚姻，便沒有享受幸福的權利。男女雙方的責任感是美滿姻緣的基礎，而和諧的婚姻也是對孩子的負責。在吉普賽人看來，外族社會常常以婚姻為兒戲，這是很危險的。「從一而終」的婚姻是完美的人生，也是孩子生活幸福的保障。

在吉普賽民族的成長歷程中，一夫一妻制始終占主導地位。雖然在某些地區曾出現過一夫多妻的現象，例如，在英國的吉普賽人中間曾經存在這樣的習俗，丈夫對妻子的妹妹同樣擁有「性權利」。但是，這些陋習隨著民族的自我發展完善，逐漸被拋棄了。互敬互愛的一夫一妻制一直受到廣泛的頌揚。

在吉普賽人的世界，婚後通姦無疑是滔天大罪，死有餘辜。因為破壞婚姻，就是自我瓦解這個弱小民族的生命機體。在塞萬提斯的筆下，安德烈斯與吉普賽女郎新婚，一位雄辯的吉普賽老人講了這樣一番話：「我們之間，雖然很多都是近親通婚，但沒有一個是私通的。如果自己的子女與人私通，或者

情婦與人亂搞，我們不到法庭去告狀。我們自己就是法官，也是自己的妻子和情婦的劊子手。我們可以輕而易舉地殺掉她們，並將她們埋在荒山野地，就像埋葬害人的野獸一樣。沒有親人會為她們報仇，就是親生父母也不會替她們求情。」

婚後通姦必然會遭到嚴懲，丈夫、甚至丈夫的兄弟都有權處罰失去貞操的婦女。經長老會審判，如果確認犯了通姦罪，則會處以割鼻子、削耳朵、切臉頰、砍斷手腳等酷刑。這也是古代印度處置淫婦的刑罰。有時，長老會召集全部落集會，把犯人赤裸地綁在樹上或大篷車的車輪上，大家輪流用皮鞭無情鞭笞，一直打得皮開肉綻，暈死過去；還要剃光頭髮，露天捆綁示眾一天一夜。然後逐出族外，永不寬恕，其他部落也絕不會收留。如此刑罰是極其殘忍的，而且，一旦發現通姦行為，男子是不受追究的，這本身就是父系社會的不平等現象。但是，吉普賽人正是借助於這種令人心悸的暴力來強化民族的道德自律。越軌行為的減少標誌著民族機體的健康與穩定。

吉普賽人倡導「從一而終」，並非盲目和刻板的。那些以犧牲自己的感情和幸福為代價的「從一而終」是不提倡的。因此，離婚現象在吉普賽人中間並非罕見。男女雙方中任何一方覺得婚姻不滿意，都可以向長老會提出離婚申請。長老會經過多方面調查，如果認為責任在於丈夫，妻子可能不用退回聘金，心安理得地回娘家，全家仍然感到體面；如果錯誤在於妻子，她必須退回大部分聘金，其餘一小部分作為結婚的補償，但娘家會因此感到羞辱。

離婚過程中的各類糾紛一律由長老會裁決。吉普賽人嚮往和諧的婚姻，但是，不和諧的婚姻在現實生活中總無可避免，這些同床異夢的夫妻是社會的不安定因素，對民族的健康機體存在著潛在的破壞。合法離婚是這些社會不和諧因素的疏通渠

道，借助於這一公開途徑，社會在自我調整和重新組建的過程中整合成一個強有力的集群。

　　生命中最美麗的情懷是兩顆心永恆的摯愛。當浪漫的婚禮展開人生旅程的又一片風景，從今以後，所有幸福的瞬間要用一生的熱愛和激情去傾注描繪。生活是一種燃燒的信念，愛熔化著兩顆相依相偎的心靈。當忠貞成為一個社會的信仰，所有的靈魂都是充實的，所有的生命都是健康而活力奔湧的。

「麥里姆」：捍衛生命的淨土

　　吉普賽人的醫學智慧在西方民間是久負盛名的。許多人也許有一種固執的偏見，風裡來雨裡去的吉普賽人必然是與「骯髒」相聯繫的。但事實完全相反，吉普賽人的衛生觀念常常令外來者由衷讚嘆。追求清潔、追求純淨是吉普賽人的生活方式，也是一種人生智慧。

　　在吉普賽人終年流浪的大篷車裡，永遠備著三桶神祕的清水。一位闖入吉普賽飄泊行列的法國探險家對一向講求精練的吉普賽人竟讓三大桶水占據如此大的生活空間詫異不已。在數個月的朝夕相處中，他又奇怪地發現，這三桶水的用途截然區分：其一為濯洗食物之用，其二為洗臉之用，其三為洗腳之用。而且三個盛水的勺子也絕不能混用，一旦有人不小心搞錯，就會受到嚴厲的懲罰。吉普賽人珍惜這三桶清水，因為這是他們流浪生活的基本保障。然而他們更珍視這苛刻的戒律，因為這是他們對生命健康和純淨的無限崇尚。

　　在世界各地吉普賽人的日常習俗裡，有兩個概念是至關重要的——純淨與不潔。這兩個概念是他們平日生活所關心的焦

點問題，也是他們生活哲學與藝術的核心內容。吉普賽人雲遊世界，氣候、水土等生存條件始終處於變動之中。在顛沛流離的漫漫旅途中，他們首先遭遇的最大威脅便是形形色色的疾病。病魔裹挾著死亡的陰影，無情地襲擊著這一群群奔波於曠野和峽谷之間的人們。除了血腥的種族屠戮之外，疾病是吉普賽人生存的最大天敵。有關的統計資料告訴我們，吉普賽人的死亡率是相當高的，平均壽命低得驚人，77％的人死於三十歲以前，52％的人不滿十五歲就夭折了，尤其是女子。面對這迅速瀰漫的威脅，頑強的吉普賽人建立了一整套嚴格的原始衛生防疫制度，創立了一個最終確立吉普賽生活方式和生存哲學的基本詞彙——「麥里姆」。

「麥里姆」（Merime），字面的意思是「保持清潔」。它包含著一系列有關個人衛生的清規戒律，比如，飲用水必須時常更新，個人衣物要勤換勤洗，不隨便吃外人的食物等；甚至兒童上廁所也要經過嚴格的訓練。當族內成員患上傳染性疾病時，「克里斯」長老就會強制採取暫時隔離制度，迫使病人遠離大家而獨自生活；情況嚴重時，病人的家屬也需隔離。一般來講，病人及家屬都能顧全大局，通情達理。一旦病人痊癒，「克里斯」長老會獲得族內醫師的鑑定報告，病人不久便會「獲釋」。這些「麥里姆」規矩對於吉普賽人宿營和群居生活是必不可少的，因為衛生狀況直接關係到全體成員的健康和生命的安危。「麥里姆」是吉普賽人直接面對外部挑戰而謀求自我生存的智慧結晶。數百年來，吉普賽人走遍萬水千山，生活習俗不斷隨著所在國的變遷而變化，唯有這套原始的「麥里姆」規矩世代相傳，不容動搖，吉普賽人也有賴於此而成為一個健康而生生不息的民族。

「麥里姆」在吉普賽人的生活中具有重大意義。它從繁複

的衛生措施昇華為吉普賽人價值觀念和信仰的基本導向。對於吉普賽人而言，「麥里姆」還指稱一種純潔的性愛關係。如果說「麥里姆」的第一層意義是對生命此時狀態的重視，那麼這第二層智慧則是對生命延續和未來的關注。血緣的純淨是「麥里姆」的又一核心內涵，私自與異族通婚、族內亂倫通姦等是被嚴厲禁止，並會受到懲處的。這種婚姻禁忌已成為人們對吉普賽人的一般印象。

在捍衛生命和血緣純淨的同時，吉普賽人還把「麥里姆」戒律的意義從生命的健康引申到社會機體的健康。苦難的歷史遭遇使這個弱小的民族懂得，只要擁有靈與肉的淨土，任何外來壓迫都無法摧毀民族的自尊、自立和自強。在吉普賽社會，違法犯罪就是「不潔」行為。「麥里姆」有時也用作貶義的名詞，指那些玷污了清規戒律而成為不潔的人。有罪之徒都會被長老們組成的「克里斯」審判團判為「不潔」，受到罰款、苦役、沒收財物等處罰。

值得注意的是，審判完畢之後，罪犯的衣食住行都將被隔離，「避免傳染」，直到長老會宣布刑期結束才撤銷。這顯然是從傳染病的衛生隔離制中借鑑過來的。「麥里姆」戒律以「純淨」為標尺區分善與惡，嚴重地被判為「不潔」的罪犯，將會被毫不留情地驅逐於部族之外，因為吉普賽人堅信「純淨」與「不潔」是水火不相容的，社會的「純淨」與生命的健康同等重要，驅逐「不潔」之人猶如趕走病魔和邪氣一樣合情合理。多少年來，誤解和鄙夷刺痛著吉普賽人的心。在被認定為「邪惡民族」的氛圍中，他們追求著心靈的純潔和正直，追求著生命歷程中閃爍的智慧光彩，不捨不棄，超越終極。

與異族通婚的禁忌

　　長期以來，一直存在著一個誤解，以為吉普賽人是一個封閉的民族。這多半是由一條世人皆知的風俗約定引起的：嚴禁與異族通婚。這是一條無法抗拒、無法動搖的法律。誰敢冒這天下之大不韙，誰就必定撞個頭破血流。然而，數百年吉普賽歷史，也不乏個別的膽大情人以身試法，恩恩怨怨，死去活來，留下眾多大悲大喜的軼聞掌故，成為文學大師筆下動人心魄的絕妙素材。也正是這些文學作品把一個弱小民族的「奇風異俗」渲染出去，給吉普賽人蒙上一層神祕的油彩。

　　事實上，許多人了解的吉普賽風俗存在著誇張的成分。即使是這條鐵定的怵規也存在著變通的可能。非法的婚姻形式在特定的前提下可以轉化為合法的姻緣。這規矩本身反映著吉普賽人捍衛血緣純淨的智慧，而法規的變通方式則映射著吉普賽人獨特的開放智慧。

　　在吉普賽人的群落之中，忠貞的一夫一妻制是得到充分尊重和推崇的。婚姻本身是與血緣純淨，即「麥里姆」規矩緊密聯繫的；可以說，血緣的純淨是「麥里姆」的核心內容。為了維護部落的純潔，吉普賽人嚴禁與異族通婚。父母大多從小就對女孩子嚴格管教，避免同異族男子發生情感接觸。一旦有人膽敢違反這條鐵的戒律，私自與異族結婚，將會被視為「不潔」之人，必然遭到全體族人的唾棄，最終會被逐出族外。

　　血緣關係上的「麥里姆」規矩保証了吉普賽種族的純粹性和獨立性，創造出異常強大的民族凝聚力和生命力。全世界現有的吉普賽人口約二千萬左右，這對於全球五十億人口而言，只不過是滄海一粟，然而在數百年的歷史進程中，始終處於劣勢的吉普賽人卻不曾被外族同化而消失，這不得不歸功於高度

強化的「麥里姆」生活方式。

　　嚴格說來，「嚴禁與異族通婚」這一約定應該是「嚴禁與異族私通」，經過吉普賽法律和公眾輿論認可的異族聯姻不在違法之列。這是法規的靈活變通。看過電影《葉塞尼亞》的觀眾，一定還記得吉普賽姑娘葉塞尼亞與軍官奧斯瓦爾多成婚的情景。部落的長老在兩人的手腕上各切開一個十字，然後他們兩手相握，讓殷紅的鮮血流淌在一起，象徵著兩人從此血濡與共，忠貞不渝。吉普賽人用這種略帶殘忍的特殊方式表達他們對純潔的愛情生活的無限嚮往。

　　按照吉普賽人的規矩，私下與異族通婚是「不潔」的，合法公開的異族聯姻則是「潔淨」的。一個非吉普賽血統的人若想與吉普賽人結成百年之好，事先必須徵得長老的同意，並宣布效忠於吉普賽人，愛護他的妻子以及婚後按照吉普賽人的風俗習慣生活。這些原則不得違背，否則將被認定為「不潔」而遭到全體吉普賽人的唾棄和報復。

　　在塞萬提斯的小說《吉普賽姑娘》中，騎士安德烈斯向吉普賽女郎普烈西奧莎狂熱地求愛，但普烈西奧莎並沒有被金錢、地位和異族的奢華生活所打動；正如前面也曾提到過的，她冷靜地告訴騎士：「首先，我必須知道你是否就是你自己所說的那樣的人；這件事証實以後，你還必須離開你的雙親，住在我們的營寨，穿上吉普賽人的服裝，在我們的學校裡學習兩年。在此期間，我與你彼此都要能使對方滿意。兩年以後，如果你滿意我，我滿意你，我就將成為你的妻子。」「如果你同意我所提的那些條件，成為我們隊伍中的一員，你就有可能得到一切；若是有一條沒履行，你就別想碰我一根手指頭。」

　　雖然異族男性與吉普賽女郎結婚所要遵循的規矩各有千秋，但有一個根本點是共同的：異族男性放棄自己的母族身

分，成為一個吉普賽人。這裡的法律變通是單向的，只允許異族「棄暗投明」，而不許吉普賽人「叛眾離親」。因此，這種異族間的通婚是不會損害吉普賽人民族的生命力的，也就是合乎「麥里姆」法規的。這正是吉普賽人的智慧。有趣的是，迄今我們還很少聽說吉普賽男子與異族女子私定終身的故事。菲茨杰拉德曾遇到過一個特例，吉普賽小伙子與異族的心上人私奔瑞典，最後暴亡。這被吉普賽人視為「罪有應得」。

在吉普賽人的婚姻觀念中，「麥里姆」從生理、血緣上的純淨，上升為文化上的純淨；吉普賽人的民族自我認同，不僅在血緣等人類學特徵上，而且還在於文化的歸屬。

這就使吉普賽人的名稱定義處於一種矛盾狀態。一方面，吉普賽人反覆宣稱，只有擁有純粹吉普賽血統的人才能稱為「吉普賽人」；另一方面，事實上，吉普賽人中間還包括著不少非吉普賽血統的人，他們因認同吉普賽文化而同樣被視為「純淨」的吉普賽人。這一接納非吉普賽血統的典儀對於吉普賽文化的影響是深刻的。正是這矛盾交織的「麥里姆」規矩構成了吉普賽文化有限度的開放性。在如此漫長的文化接觸和碰撞過程中，任何一個孤立自閉的民族都注定是要消亡的，而任何一個無限開放、否定自我的民族也注定是要被同化而銷聲匿跡的。古老的「麥里姆」戒律極其恰當地協調了這組矛盾，而吉普賽人也正是在這矛盾的運作過程中，小心翼翼地養護著民族文化的生機。

把情感收藏起來

吉普賽人極其珍視婦女的貞操，保持童貞被認為是神聖、

純潔、吉祥的行為。這反映了吉普賽人對婚戀家庭問題的嚴肅態度，也反映了他們強烈的道德意識。

　　吉普賽女孩從懂事開始，母親就開始向她灌輸貞操高於生命的思想，讓姑娘們牢記婚姻絕非草率的遊戲。吉普賽女孩普烈西奧莎回答求婚者：「我只有一件珍寶，我把她看得比自己的生命還要珍貴，那就是我的清白貞操。我絕不會憑幾句諾言和一些贈物而出賣自己的珍寶。」「如果你就是為了這塊珍寶而來，那麼你就只有通過婚姻這條紐帶才行，而貞操的換得也必須通過這一個神聖儀式。那時候就不是失去貞操，而是用自己的貞操去換來對方許諾給她的幸福。」

　　吉普賽少女恪守貞潔，忠於古訓。雖然時常有吉普賽婦女賣淫的傳聞，但幾乎見不到任何記載。事實上，這類傷風敗俗的罪孽在吉普賽人中間是不可想像的。吉普賽舞娘在咖啡館、小酒吧賣藝為生，但這些貌似放蕩的美麗女郎從不賣身。這是吉普賽人道德的基本準則。一旦發現賣淫行徑，犯人將會遭到嚴酷的懲處。在昔日的英國，賣淫少女將被處以活埋，後來則改為永久性流放。而在蘇格蘭等地，脅迫未婚女子賣淫的男子也將被處以極刑。

　　吉普賽人對貞潔的關注有時近乎苛刻。嚴格地講，吉普賽青年男女是沒有如膠似漆的戀愛經歷的。他們認為過分親呢的求愛有損於貞潔和神聖。已訂婚的青年男女兩年內不許私自約會，只能保持一般「朋友」關係。在有些地區，訂婚之後，姑娘要住進未來的公婆家，未婚夫婦的接觸受到嚴格管制，尤其是姑娘的一舉一動有諸多限制。同時，婚前接吻也被視為大逆不道，是絕對禁止的。一位探險家曾驚異於在如此保守的氛圍中青年男女是如何傳遞感情的，結果他意外地窺探到一對對小情人常常趁人不備，互贈花手絹。

貞潔帶也是一個極端性的例証。一個多世紀前，西歐的吉普賽少女從十二歲到結婚的那天為止，必須天天佩戴貞潔帶。這種貞潔帶是將羊皮縫於貓皮之上而製成的，每天早晨由母親替她佩帶，晚上替她解下。新婚大喜之日，貞潔帶將被作為童貞的標誌，由丈夫解下，並且，丈夫會小心保存，直到大女兒十二歲時需要使用它，代代相傳，不容變更。

　　婚前的「情感絕緣」和貞潔帶的使用頗有些令人費解的「走極端」味道，但也從一個側面折射出吉普賽人對純潔感情生活的無限嚮往和珍愛。

　　在吉普賽人的婚禮儀式上，還有一項檢查新婚貞潔的程序。這是一個非常神聖和嚴肅的時刻。一般而言，主婚人會專門邀請一位正直而深孚眾望的老年婦女完成這一莊嚴使命。她和新娘走進一間特地安排的屋子，用布條蒙上新娘的眼睛，驗証新娘是不是處女。有時也會請一至四名已婚婦女共同檢驗，以示公正。

　　檢查結果要向家長和來賓報告。如果是處女，賓主頓時笑逐顏開，開始婚禮狂歡。在有的吉普賽部落，老年婦女會給新娘蓋上一方紅頭巾，並向她致意，然後，新娘開始自豪地高唱表示自己純潔的歌「葉綠，葉綠……」靜候在屋外的人們開始在歌聲中翩翩起舞。如果檢查出來新娘失貞，那無疑是件極為丟臉的事，男女雙方家庭頓覺臉上無光，整個婚禮遂籠罩在一片愁雲之中，還要舉行失貞儀式，來賓們紛紛退席，新娘則會永遠遭人蔑視。

　　近幾十年來，西方社會的某些開放觀念也滲透和影響著吉普賽人的生活，但是，恪守貞潔的傳統依然未變，強烈的道德意識依然貫穿著他們的言行。也正是這種「保守」，維護著吉普賽群體的聖潔情感。

放你的真心在我的手心

　　婚姻是吉普賽人獨特智慧和習俗的展現。從漫長的訂婚到浪漫的婚禮，名目繁多的規矩客套之中寄託著吉普賽人對於甜美生活的渴望和執著。同時，婚姻形式本身也是一幅色彩斑斕的民俗風情畫，歷來是外族關心的焦點。

　　吉普賽人主張族內通婚，但堅決反對近親結婚。經驗告訴他們，近親結婚對民族的健康有害無益。同時，從凝聚民族的角度來看，跨家族、跨部落的聯姻也具有重大意義。吉普賽人自己所說的「近親結婚」其實是族內通婚，因為他們認為同一民族彼此都是親戚。

　　傳統的吉普賽婚姻一般由父母包辦，與中國傳統的買賣婚姻基本相同，男女雙方把通婚這一人際交流形式通過貨幣進行量化處理。婚前，雙方家庭在友好的氣氛中進行一場冗長的「談判」。男方按習俗要給女方一筆聘金，根據不同的家境情況和條件確定價碼。吉普賽人非常重視這個「討價還價」的過程，能否為女兒商定一筆滿意的聘金，往往成為衡量父親是否合格的標尺。聘金可以是現鈔，也可以是牛、馬等實物。收到聘金以後，雙方才能商議訂婚事宜。有時，婚前的「準女婿」要為岳父幹一、兩年活，代替部分聘金，婚後還要負擔岳父家的部分開銷。女兒出嫁，娘家都能獲得可觀的聘金。但吉普賽人從來不把女兒當作搖錢樹，因為這種邪惡的觀念與他們的道德共識是水火不相容的。當然也不排除其他功利性的考慮：通婚常常被視為部落聯盟和財富聯合的手段。

　　在西班牙等地，吉普賽人還保存著趕集式的相親方式。每年十月上旬，他們總要隆重慶祝傳統節日——婦女節。婦女節是婦女們的吉祥日子，丈夫們要送珍貴的紀念物給妻子，各家

父母都要送精美的禮品給女兒，整個男性世界向勤勞聰慧的吉普賽婦女致意。不少人都選這一天和心上人舉行婚禮，而這一天本身也是求婚的日子。

在婦女節來臨前夕，來自西班牙全國各地數以千計的吉普賽男女老少都灑集到巴達霍斯省的梅里達。人們縱情歌舞，互致問候，狂歡三日。其間姑娘、小伙子自由挑選夢中情人，允許互相求婚。一旦彼此認可，傾心相愛，男方家庭馬上去拜訪女方父母，表示正式提出求婚。聘金商議完畢之後，兩家就在鄰近的一家酒店裡歡天喜地地慶賀定婚，同時商定正式結婚的黃道吉日。

這樣的婦女節簡直是情人節，青年男女打扮得花枝招展，各顯才能，爭奇鬥艷，只為博得紅顏一笑，煞是可愛。一些早已心有靈犀的情侶也往往期待著在婦女節上得以公開戀情。

「私奔」也是吉普賽婚姻習俗的一個有趣現象。當青年男女自由戀愛，雙方家長又不同意時，他們就用私奔來威脅父母。兩人在外邊躲上一、兩個星期，重返部落時，生米已經煮成熟飯，父母只好點頭認可。私奔在外並不一定同居，僅僅是威脅的手段而已。真正的私奔在吉普賽人中間是不可想像的，因為脫離群族無異於自殺。在有的吉普賽部落，「私奔」已經成為婚姻過程的必經程序。當男方向女方父親提出求婚時，女方家庭出於矜持，一般都予以拒絕。除非強烈反對，這種溫和的婉拒實質上是一種表達首肯的暗示。於是，青年男女便開始私奔，不日返回，雙方父母在一番煞有介事的大驚小怪之後，就公開表示答應這門婚事。這番折騰無非是為了表示吉普賽人對婚姻大事的慎重態度。

吉普賽人普遍實行「試婚」。青年男女在定婚之後，女方到男方家庭住上一段時間，短的一年，長則數年。其間不准發生性

關係，甚至嚴禁親昵。未來的媳婦要熟悉婆家的規矩，並且接受婆婆的監督和指導。試婚期間，男女雙方共同生活，很快就能發現對方身上的缺點。如果互相體諒容忍，相愛如初，那麼不久即可結成百年之好；如果矛盾加劇，感情難以維繫，那麼就好聚好散。吉普賽人的婚姻普遍較為穩固，這同「試婚制」有關。婚姻是人生的轉折，試婚為這種轉折中可能出現的危險提前做好預防準備。更何況吉普賽人盛行包辦婚姻，亂點鴛鴦譜的可能性極大，試婚當然是必要的。這正是吉普賽人的智慧。

吉普賽人中間，早婚非常普遍。傳統的結婚年齡是十二歲到十五歲。「把你的女兒放在椅子上，如果她的腳尖觸及泥地，那麼，就可以出嫁了。」這是流傳在吉普賽人中間的諺語。菲茨杰拉德曾遇見過一個年僅二十一歲的少婦，她十三歲結婚，丈夫比她大十歲，如今她已有五個孩子。現在，吉普賽人的婚齡已經推遲，女方在十九歲左右，男方再稍大些，但仍低於其他民族的標準。娃娃親的現象也並非罕見，孩子五、六歲的時候就由父母作主，定下終身大事。結婚時，似懂非懂的孩子並立在親友面前，和尚念經般地立下海誓山盟。然後，小新郎擁抱小新娘，並把她領回家中共同生活、成長。這種童婚習俗與古印度的傳統習慣是一脈相承的。

少女婚前、婚後的服飾打扮也是有變化的。未婚少女通常穿一種叫「迪克利」的服裝，以示區別，直到婚禮舉行前才脫下來，表示告別少女時代。已婚女子頭上包一塊頭巾，稱為「迪克勞」，表示已婚了。

吉普賽人的婚禮隆重而浪漫。親友們從四面八方趕來，載歌載舞，其樂融融。婚禮一般由族內女首領「弗里達依」主持。檢查新娘的貞操是婚禮的必經程序。如果結果盡如人意，那麼，新婚夫婦便同大家共舞，一直玩到曲終人散，篝火將

· 美麗的吉普賽女郎

盡，才入洞房。

在吉普賽人的婚禮過程中，還有一些特殊的儀式和習俗。在土耳其和保加利亞，參加婚禮的人都必須先沐浴，不能把「麥里姆」帶到新婚夫婦家。義大利和德國的吉普賽人把金雀樹枝視為吉祥如意的象徵，因而要求新郎、新娘進入洞房之前，必須手拉手逃過金雀樹枝，據說這樣婚後能一帆風順；同時，還必須用金雀樹枝紮成答帚放在新房內，以示掃除邪氣和惡運。這一風俗在英國簡化為新婚夫婦必須在入洞房之前跳過

横在門前的一把笤帚。

英國的吉普賽人還保留著男女雙方在「弗里達依」等証人面前握手的習俗。這在古印度是常見的，象徵雙方在婚後互盡義務。西班牙的吉普賽新婚夫婦要手拉手走進賀喜的來賓之中。如果女方拒絕伸出手來，就表示不同意，婚禮即刻中斷。有時主婚人要割破雙方的胳臂，讓鮮血融合在一起。在有的吉普賽部落，新郎要從河裡舀來一桶水，然後，新郎、新娘同飲一杯水。喝完水，就地砸碎杯子。還有的部落是割破雙方手指，將血滴在一個杯子裡，攪拌以後，雙方共飲。在英國某些地區流浪的吉普賽人崇尚這種「血的洗禮」，他們把一塊麵包辦成兩半，各滴上幾滴血，然後吃下對方滴血的麵包，也有的是雙方把血滴在麵粉裡，然後烘烤成糕餅，在兩人頭頂砸碎撒下。這一「共飲——砸碎」的程式總是連續進行的，象徵婚後兩人同甘共苦，誰變心，誰就像這杯子一樣粉身碎骨。

在小說《巴黎聖母院》中也有這樣的情節：部落頭領抬來一個瓦瓶，吉普賽女郎把它遞給甘果瓦，並說：「把它摔到地上！」瓦瓶被摔成四塊，兩人就算成親了。

如今，越來越多的吉普賽人開始前往政府的婚姻登記處和教堂舉辦訂婚和結婚儀式。法國吉普賽人無比崇敬的古勞德神父曾告訴記者：「我是法國境內唯一全力專心一致於吉普賽人的神父。我幫他們祈禱和朝聖，一星期為他們做三十到四十次洗禮，但不証婚。吉普賽人結婚是以交換麵包和鹽慶祝一番的，然後就被大家公認為夫妻。教會通常接納這種結婚。正式的教堂婚禮只在這對夫妻一起生活十或者十五年後方才舉行，但雙方的忠貞不二則是非常重要的。」[3]

---

[3] 《海外文摘》一九九〇年第五期。

教堂婚禮並不意味著吉普賽人皈依宗教，只是反映了他們渴望婚姻同樣得到外族社會認同的心態。但無論如何，這些習俗變遷不會影響吉普賽人對婚姻的傳統看法。

　　由於吉普賽人的婚姻習俗與官方規定存在著諸多出入，因此，他們常常採用變通手法，使婚姻納入外族的合法化軌道。比如，娃娃親的男女雙方到法定年齡時，會再去當地教堂或市府補辦結婚手續。當一個吉普賽女子在法定年齡之前生育了嬰兒，另一位年紀稍長的女子就會將孩子報在自己的戶口下。年齡過輕的夫妻要同居一室，他們便會在市府檔案裡登記為兄妹關係；一旦有了孩子，他們就去改成夫妻關係；常常搞得政府辦事員摸不著頭腦。

　　現代吉普賽人的婚姻習俗正在悄悄演變。比如，居住在阿根廷坦佩萊的吉普賽人，訂婚半年後即可成婚。二十世紀八〇年代的坦佩萊吉普賽人已經允許與外族人通婚。同時，包辦婚姻也逐漸減少，自由戀愛蔚然成風。

　　婚姻是吉普賽人的盛大節日。所有的誓言和祈禱都幻化成繽紛的歌舞，所有的期待、夢想和愛都像金色的篝火般熊熊燃燒，每一個婚禮程序象徵著一個吉祥的心意；即使是某些荒誕不經的儀式，也寄寓著這個民族對幸福的理解。

　　苦難的吉普賽人在這一愛的聖典之中找到了人生的真諦。

禁忌：愚昧抑或智慧

　　吉普賽人是一個禁忌繁冗的民族。而大多數禁忌都與婦女有關。雖然這些奇風異俗表面上看來帶有歧視和限制婦女的色彩，但是其動機卻絕非如此；吉普賽人尊重婦女是眾所周知的

事實。這似乎是一個矛盾。可也恰恰是這個矛盾，包含著吉普賽人追求民族健康強盛的良苦用心。

　　吉普賽社會對婦女的活動存在著某些嚴格的限定。比如，婦女不得從男子的食物和餐具上跨過去，否則將被視為污染飲食；即使是飄逸的裙角不小心掃過一個男子的碗周，這碗食物也勢必要倒掉，飯碗也要砸掉。婦女不得從坐著的男子面前走過去，必須從背後繞行。婦女不得在男子面前披頭散髮，否則將遭到訓斥。婦女的衣物，尤其是內衣，不得與男人的衣物混同洗滌；甚至在晾曬時，也必須找個不易為男人看見的地方。婦女面對男人的坐姿必須是盤腿而坐。婦女不得在其他男人面前展露身體。

　　一位吉普賽婦女曾對記者說：「我們女人游泳時也穿上衣服，而且男人一概不准到女人所在的海灘游泳或玩水。」諸如此類的禁忌，不勝枚舉。

　　吉普賽人之所以會建立這樣一套禁忌制度，並不是出於滅人欲的清教徒式考慮，也不是由於歧視婦女，而是因為在他們的觀念中，婦女存在著月經、分娩這樣一些「神祕而危險」的生理現象，她們自身面臨「危險」，也許還會把這種「危險」帶給整個部落，危及整個部落的生存。這種把婦女視為「污染源」的禁忌觀念在世界各地的原始民族中廣泛存在。

　　英國學者弗雷澤在《金枝》中認為，這是一種「想像的危險」，「但是這種危險倒並不因為它是想像的就不真實了」，它從一種純粹的心理作用發展成具體的禁忌操作。有些禁忌對我們來說簡直是無稽之談，但是處於特定的文化氛圍之下，吉普賽人的態度卻是一絲不苟的。

　　曾有一位考察家發現這樣一個奇怪的現象：當地政府為吉普賽人棲居的棚屋安裝了自來水，但吉普賽男子從來不從龍頭

裡取飲用水，而是堅持走三、四哩路，從山澗擔水回來。考察家百思不得其解。後來才明白，原來自來水管埋在地板下面，吉普賽人認為，婦女天天在上面走來走去，必然「污染」水質。

吉普賽人固執地以為，婦女某些特殊的生理活動有損於男子的精氣和部族的健康，因此必須實行隔離等嚴格的禁忌措施。弗雷澤在《金枝》中分析：婦女在懷孕、分娩、月經期間「都被認為是處於危險的境況之中，她們可能污染她們接觸的任何人和任何東西；因此她們被隔絕起來，直到健康和體力恢復，想像的危險度過為止。」❹

出於種族生存大局的考慮，吉普賽婦女也總是樂於犧牲自我，虔誠地遵守禁忌。這種隔離禁忌主要分為懷孕、分娩、產後、月經等幾種。

吉普賽婦女一旦懷孕，就會自覺地迴避一切人，開始過與世隔絕的生活，不得參加任何集體性活動，其他家族也會「無視」她的存在。到孕婦臨產時，吉普賽人在遠離宿營區域的地方搭建一個專門的帳篷，然後把她護送到那裡，因為吉普賽婦女不准在自己的大篷車上生孩子。送產婦進入臨產帳篷的時候，還隨身攜帶衣服、被褥、生活用具、餐具等，每日飲食有專人遞送。除了接生婆之外，任何人不准探視。孩子落地之後，所有產婦接觸過的物品都要銷毀，連帳篷也要焚燒，因為吉普賽人認為這些東西經產婦之手，已變成不潔之物。

婦女在產後仍要隔離相當長的時間。在英國，這段時間需要一個月左右；德國更長些，要單獨生活六個星期；而義大利也至少要兩個星期。如果遇到遷移，母親和嬰兒必須乘坐在大

---

❹　詹·喬·弗雷澤：《金枝》，徐育新、汪培基、張澤石譯，第三一三頁。

篷車隊的最後一輛。萬一他們生病，父親也愛莫能助，只有委託醫師診治。在吉普賽部落，凡是接觸過處於危險期婦女的人也要隔離，接生婆或助產士更是不潔的，旁人要迴避一段時期。隔離期結束，吉普賽婦女先要到教堂去舉行儀式或請長老出席宴會，然後才可能回到家庭或集體中去。

同樣，吉普賽人還認為，月經期間的婦女也是不潔的。在德國和波蘭，吉普賽婦女月經期間不能為族人做飯，不准接觸餐具。而在英國，這位婦女必須戴上手套，才能進行烹調。這些古怪的禁忌毫無事實根據，完全是想像的產物。但是，作為一種文化典儀，禁忌卻成為整合民族文化的契約：遵守同一種禁忌，皈依同一種信仰，彼此就是親兄弟。

西方文化人類學家在實証研究中曾斷言：一個沒有禁忌的民族是一個缺乏活力的民族；禁忌的淪喪是一個強大民族衰弱的前兆。從這個意義出發，儘管吉普賽人的禁忌帶有蒙昧的色彩，但是，在凝聚、維持純潔的民族文化時卻不失為一種質樸的智慧。

Chapter 6
歌舞人生

音樂：永恆的信仰

有人說，吉普賽人的智慧是用音樂譜寫的。此話不假。這個民族對音樂的酷愛之情是用一生的追求來表達的，他們非凡的音樂才華在歷經幾個世紀的痛苦磨難之後終於贏得了整個世界的尊重。

也有人說，酷愛音樂的民族必然是智慧的民族。吉普賽人是天生的歌者、永恆的舞者。每一個霧氣濛濛的黎明，音樂伴著搖搖晃晃的大篷車，伴著一顆顆孤獨的心，飄向遠方。每一個夕陽西下的黃昏，音樂伴著熊熊的篝火，訴說著溫暖的往事。吉普賽人用音樂這個獨特的媒介與外界溝通，用音樂這種心靈的語言傾訴著對於幸福與苦難、夢想與現實、愛情與生命這一系列人生重大主題的體驗。

世界文學著作第一次描寫吉普賽人是以音樂為契機的。在令人眼花撩亂的吉普賽起源傳說中，有一個音樂故事始終為世界各地的吉普賽人共同傳唱。它告訴世人，吉普賽人的祖先是

一群流浪的樂師，音樂是吉普賽人的驕傲，是無比燦爛的智慧花朵。有趣的是，這個傳說還在不經意之中揭示了一個事實：神祕的吉普賽人來自印度。

傳說，在古代波斯，有一位賢明而慈善的國王巴赫拉姆，他統治下的臣民不愁吃穿，生活富裕，但卻心情抑鬱，因為他們腦子裡想的只是生活的勞累。為了給臣民增添娛樂生活，使他們從苦悶中解脫出來，巴赫拉姆寫信給印度統治者莎古爾，請求派遣大批擅長吹拉彈唱的印度樂師來波斯。就這樣，一‧二萬名印度吹鼓手和雜技演員千里迢迢來到碧波蕩漾的波斯灣。滿心歡喜的波斯王巴赫拉姆盛情款待了這群客人，並且賞賜每人一頭牛、一頭驢、一片封地和足夠的麥子，讓他們安心務農。作為報答，他命令這些印度人免費為愁眉苦臉的波斯人表演，逗他們發笑。他希望，不久之後，笑聲和歌聲就能傳遍他的國度。

但是，波斯人最終是否笑逐顏開，我們無從知曉，原因是故事發生了戲劇性的變化，這群印度人由配角變成了主角。一年後，當巴赫拉姆大夢醒來，再度體察民情時，他發現，這些懶惰的印度人吃光了麥子，屠宰了耕牛，荒廢了田地，根本沒有心思從事農業，成天四處遊蕩混飯，成為一群可怕的「盲流」。於是，龍顏怒，聖旨下，大王命令所有的印度人騎上毛驢，帶著樂器到全國各地巡迴演出，用歌唱、舞蹈來掙錢度日，不得在任何地方定居。後來，這些賣藝的印度人逃出波斯，浪跡世界各地，就成為今天的吉普賽人。

波斯詩人菲爾達烏斯在公元一千年寫的一本《國王的書》的文獻裡，詳盡地描述了這群吉普賽先祖的漂泊行蹤。在這則傳說的結尾，他這樣訴說：「從此以後，吉普賽人便一直流浪，尋找需要他們的人。他們沒有家，沒有地，只是以狗為

伴，還有狼到處尾隨，白天黑夜地趕路，邊走邊偷竊。」

傳說的時代像幼發拉底河和底格里斯河的滾滾河水般遠去，像沙漠大風裹著塵沙般消逝得無影無蹤，然而，今天流浪於阿拉伯地區的吉普賽人，仍然相信他們曾擁有這樣一段五光十色的歲月。穆罕默德·迪伯·阿布·塞林姆是幾百個阿拉伯吉普賽人的首領，他們如今居住在耶路撒冷舊城穆斯林區的普通石頭房子裡。

在過去的飄泊生涯中，他們已改行從事鐵匠，終年騎著毛驢飄遊四方，為農人修理農具和釘馬掌。阿拉伯人稱他們為「哈達林」（鐵匠）。另外，在約旦河西岸的村莊裡也有一些吉普賽人仍然扮演著「哈達林」的角色。這些「哈達林」堅信他們的智慧源頭在印度，但他們似乎總是帶著某種歉疚的心情談及那段失寵的日子。今天在海灣地區，人數更多的吉普賽人仍然操持著祖先的職業——賣藝，阿拉伯人稱他們為「萊卡金」。這些「萊卡金」中有上千人居住在迦薩，其他人則周遊約旦、敘利亞和黎巴嫩。塞林姆曾對《紐約日報》的記者抱怨說：「萊卡金」對吉普賽人帶來很壞的形象，男人除了伴奏之外幾乎什麼事都不做，而女人則為顧客跳舞或幹一些更為放蕩的事情。這種指責是相當尖刻的，因為吉普賽藝人歷來奉行「賣藝不賣身」的原則，生活放浪是一種違背生存原則的墮落行徑。看來「萊卡金」無愧為巴赫拉姆時代印度吹鼓手的衣缽傳人，作風品性如出一轍。然而，無論是放蕩的「萊卡金」、還是規矩的「哈達林」，他們都承認自己的血脈裡流淌著古代印度的抒情旋律。

一些歷史學家對這個「音樂起源說」頗有興趣。他們考証，吉普賽先祖抵達波斯的時間是在公元四二〇年左右。比波斯詩人菲爾達烏斯早半個世紀的阿拉伯歷史學家海姆扎也提到

過同樣的故事。

據說，這些終日背著樂器的吉普賽人天性好動，不肯在一地安居樂業，在七世紀的一場阿拉伯半島爭戰中，他們逃離波斯軍隊，向西遷徙，九世紀又被作為俘虜送往希臘，從此遍布歐洲。在撲朔迷離的吉普賽身世傳說中，這也不失為一種揣測。雖然在年代的確定上，它與目前的權威說法存在著差異，但是，把音樂和吉普賽人的智慧源泉結合起來，無疑具備一定的說服力。

吉普賽人是慣於用荒誕無稽的傳說故事為自己的現實生活選擇尋找托辭的。不管這個故事是否真實，吉普賽人都反覆傳頌引用，這就說明了他們存在著一定的功利目的。一方面，他們藉這個傳說來肯定自己的樂師地位是古已有之、源遠流長、天經地義的，進而為他們挺進歐洲的音樂市場鋪平道路。

這是吉普賽人的基本謀略：「沒有身分自己造，沒有道路自己走。」另一方面，吉普賽音樂實際上是吸收沿途各地民族音樂的精華而發展起來的，因此，單從音樂本體而言，常常令人有一種似曾相識的感覺。

吉普賽人為了從單純的模仿中擺脫出來，在樂曲處理上力求充分發揮自我的創新意識，同時，他們也四處渲染古老傳說，善於利用公關廣告手段「包裝」音樂作品，使其籠罩在濃郁的東方情調之中，給歐洲人一種恆久的新鮮感和誘惑力。

還有一點同樣有趣，吉普賽人在傳說中把自己設計成一個「懶漢」的形象，表面看來似乎在貶低自己，但事實上也是在為現實生存張目。遊手好閒的「萊卡金」因此而自得其樂，毫無愧色，勤勉能幹的「哈達林」則似乎是向世人炫耀他們成功的轉變，大家各得其所，相安無事。

一管蛇笛，三、兩只精心雕飾的手鼓，抑或一把吉他、兩

把如泣如訴的曼陀鈴，樂聲像陽光撒滿你的身軀，像夜色籠罩你孤獨的心；你感悟到了什麼，是吉普賽人辛酸的歷史，還是閃爍的人生光芒！

跟著「感覺」走

　　每一個吉普賽人都是音樂的精靈和使者。數百年來，他們就像一群飄零的棄兒般默默無聞地生存在人們歧視的目光中，然而，音樂卻使這個幾乎被遺忘的民族贏得世人的矚目和尊重。吉普賽音樂最重要的特點是隨心所欲，盡情發揮。優美的音符是娓娓動聽的情感獨白，是人世滄桑在心靈深處激起的陣陣共鳴，是智慧的靈感和藝術的悟性連綴而成的華麗圖景。

　　即興演奏最能體現吉普賽人音樂天賦和智慧的表演形式。吉普賽人既擅長整段整段的即興演奏，也喜歡在規定旋律內的過渡段和華彩段即興發揮，任所思所想借助於音樂語言，像奔騰的河流般一瀉千里。這需要極其高超的藝術創造力、想像力和技巧。每每演奏至此，吉普賽樂師也都如痴如醉，沈醉在最充分宣洩自我、表現自我的快感和幸福之中。當四周的掌聲像潮水般洶湧，他們會忘卻一切苦難和辛酸。這也許是他們人生之中最得意的一刻。

　　流浪民間的吉普賽樂師和鼓手從來不用蝌蚪般的樂譜。這一方面是由於他們過人的記憶本領，所有旋律都爛熟於心；另一方面，他們不喜歡演奏受到樂譜的限制，表演進行到某一關節點，他們便開始順著情緒自由發揮，此一時彼一時，此一地彼一地，場合不同，情緒不同，即興演奏的內容也不相同。吉普賽人的音樂是自由的，充滿創造性激情的，這與他們天馬行

空、無拘無束的天性是一脈相承的。

　　吉普賽人在器樂、聲樂和舞蹈方面都是天才。他們的歌曲分慢歌與快歌兩種。慢歌節奏舒緩自由，或纏綿徘惻，或如泣如訴，或娓娓道來。在旋律的拓展過程中，常常出現延長音，以突出輕柔抒情的特點。延長的幅度並不具體規定，完全取決於演唱者的心緒和感覺。一般來說，全曲倒數第二個音在演唱時總是拖長的，其後有一個短暫的停頓，最後一個音輕唱或者乾脆省略，給人一種意猶未盡的感覺。吉普賽歌手大多音域寬廣，所以他們選擇、創作和演唱的歌曲總是大跨度，跌容起伏，迴腸盪氣；但總體來看，慢歌的旋律樂譜線有一個向下的走勢，特別是最末一段，起首高亢嘹亮，然後隨著飄忽的旋律變化，演唱漸漸走向平和，餘音裊裊，充滿回味。

　　吉普賽快歌主要用於歌舞表演，節奏明快，旋律奔放，熱情洋溢，給人一種痛快淋漓的感覺。吉普賽人多用傳統的二拍子舞曲。雖然二拍子舞曲一般都有固定的旋律，但他們也常常將它表現為一種即興的器樂聲樂表演。這種曲子頻繁出現快速的裝飾音，演唱內容一般無甚意義，但卻需要舌頭急速滾動的技巧，吐字清晰，方能體現出跳躍活潑的節奏感。在演唱和演奏時，還要周圍的觀眾共同參與，擊掌伴奏，或者用嘴發出短促有力的喊聲點綴旋律；尤其是當表演者的即興發揮進入高潮時，這種集體參與會把氣氛推向頂點。快歌的演奏者多為男子，他們不僅雙手擺弄樂器，而且嘴也不閑著，憑著情緒和旋律的變化，時不時發出有節奏的尖聲高叫；在弱拍處，有時發出低沈的喉音充當倍司 Bass（低音）。

　　吉普賽民歌常常採用輪流對白的形式。整首歌曲長度任意，只求演唱雙方的意圖盡興表達；同時，旋律之間可以沒有任何規定的上下聯繫，完全憑著雙方的默契和樂感，銜接成一

首具有內在邏輯的曲子。在這裡，即興表演是最重要、最基本的技能。

　　「跟著感覺走」是吉普賽人獨特的藝術稟賦。他們不曾收集和整理過音樂財富，也不喜歡像異族那樣按樂譜一絲不苟地表演，雖說他們的非凡技藝完全能夠駕馭任何高難度作品。他們擁有將內心感受直接訴諸音樂語言的天分。在兩種語言的轉換過程中，他們是那樣瀟灑自如，得心應手，游刃有餘。音樂是吉普賽人的第二種語言。這是吉普賽人的智慧所在。

　　感覺是最為關鍵的。擁有「感覺」，吉普賽人隨時可以創造出動人的旋律和舞姿。人人都擁有「感覺」，人人的「感

・吉普賽人的歌舞人生

覺」又不盡相同，因此，每一個吉普賽人都能創造出獨具個性風格的樂章。吉普賽人中間文盲眾多，但音盲卻無處可尋。他們在音樂中成長，父母把音樂傳給孩子，也就教給了孩子另一種表達內心的方式，另一種理解和感知世界的方式。長期的音樂薰陶在吉普賽兒童的心靈之中積澱成一種獨特的「感覺」。憑著這種「感覺」，他們又可以自我發揮，影響下一代。吉普賽人的音樂之所以能夠如此繁榮，是因為他們追求的不僅僅是音樂技能，不僅僅是工匠式的精心摹仿，而是「感覺」，是一顆顆理解音樂、發現音樂、創造音樂的敏感心靈。

流動的民歌作坊

在音樂的殿堂裡，吉普賽人是虔誠的傾聽者，又是充滿創造力的歌者。他們廣泛吸收各民族的智慧，融會貫通，推陳出新，獨闢蹊徑，創造出別具一格的民族音樂「模型」。這種「模型」，作為一種潛在的心理因素，植入吉普賽文化之中，植入吉普賽「音樂人」的靈魂之中。任何異族音樂在吉普賽樂手的演繹下都會呈現出屬於吉普賽民族的特有韻味。

中世紀，吉普賽人逐漸滲透歐洲大陸，給歐洲人帶來謎一般的生活方式，也帶來奇妙的東方音樂。今天的我們已經無從知曉這些音樂是何等旋律，然而，眾多瑣碎的資料表明，這種東方音樂既有印度音樂的痕跡，又有中亞民歌的風情。這說明吉普賽人在尚未涉足歐洲之前就已經開始了地方民歌的收集和編輯工作。

不少歐洲人至今仍認定，大多數吉普賽音樂家是隨著土耳其人的四處征戰而進入他們的家鄉的。十六世紀的文獻記載，

在匈牙利、羅馬尼亞等東歐地區，吉普賽樂手是價格昂貴的奴隸，是貴族互相贈送的「禮物」，達官貴人以擁有吉普賽提琴手為榮。這種習氣一直影響到二十世紀，匈牙利人的傳統婚禮總是邀請吉普賽樂隊表演，否則就好像有失體面。

第一個被記載下來的有名有姓的吉普賽音樂高手就是在一場匈牙利貴族婚禮演出上脫穎而出。寫於一七七六年的一段文獻反映，一七三七年，一位匈牙利大地主在自己的婚禮上舉辦了一場別開生面的小提琴比賽，結果，一位名叫米哈雷・巴拿的吉普賽小提琴手獨占鰲頭。歷史上，吉普賽樂手常常與貴族階層聯繫在一起，因為吉普賽樂手普遍貧困，賣藝是他們主要的經濟收入，而貴族階層既富有，又喜歡附庸風雅，無疑是吉普賽人最合適的主顧。在俄羅斯，吉普賽樂手一直受到城市中產階級的資助；在匈牙利，他們有的充當王公貴族的隨員，有的則被送去音樂學校培訓，經常性地為權勢階層服務。當然，流落街頭的賣藝者也不在少數。

吉普賽音樂是各民族藝術與智慧的結晶。歷經數百年的交流和吸納，吉普賽音樂灑聚了形形色色的藝術因子，如鄉村歌曲、「弗朋克音樂」、歌劇、爵士樂及波爾卡、華爾茲、福克斯等古典舞曲。這些因素有機地熔鑄於一體，既能從中發現某種音樂風格的模糊蹤影，又難以用統一的概念涵蓋全貌。這種「四不像」的音樂風格正是吉普賽人的智慧。「四不像」本身已存在著「像」，只是這些零星的「像」組合之後，讓人無法找到更全面的「像」；而找不到「像」本身就是一種創新，因為我們在它面前產生一種無從定義的困惑。

吉普賽音樂發展的第一個環節是基於開放心態上的引進和交流。很難說吉普賽音樂有絕對統一的風格。生活在世界各地的吉普賽人由於受所在國民族音樂的影響，會表現出豐富多采

的音樂風貌。有人曾這樣饒有趣味地講：早年居住於巴黎郊區的吉普賽鐵匠一旦遷往俄羅斯，他們的音樂之中就會迅速出現俄羅斯民歌所特有的那種獨唱與重唱交替、手風琴與吉他相伴、第二段男女聲重唱的百般風情；遠離匈牙利的吉普賽馬販部落傳唱的歌曲乍一聽恰似匈牙利民歌；前往匈牙利的羅馬尼亞吉普賽管道工所哼唱的小調仍是羅馬尼亞風格；沒有經過特殊音樂訓練的人壓根兒分不出哪個是保加利亞吉普賽歌曲，哪個是保加利亞民間歌曲。吉普賽樂手和歌手大量借鑑各民族音樂的菁華，這是他們關注文化市場的必然結果──打進市場的前提條件是順應大眾的口味。

大篷車彷彿是採集地方民歌的流動音樂作坊。每到一個全新的國度，吉普賽人邊表演，邊留心收集和學唱該地區的傳統歌曲。在吉普賽人中間，保存著眾多古老的歐洲民歌；這些民歌在本民族也許已經失傳，卻成為吉普賽人的保留曲目。一些西方音樂學家就此認為，與其說吉普賽人是民歌的原作者，還不如說他們是採編者。吉普賽人的民歌表演在歐洲家喻戶曉，以至於在匈牙利等國家，人們把民歌手一概稱為吉普賽人。

在對待地方民歌的態度上，吉普賽人擁有獨特的眼光。他們並不是簡單地充當「二道販子」，並不是單純地從事音樂作品的複製與傾銷，而是悉心發掘各民族音樂的智慧內核，理解和掌握最根本的音樂動機。這樣不僅易學易唱各種新歌，而且能依樣畫葫蘆，順著當地音樂的套路和動機，仿製民歌，花樣翻新，韻味不變。這種由皮毛深入骨髓的文化交流方式充分體現了吉普賽人的智慧度。

讓我們回溯一下匈牙利吉普賽樂隊的成長歷程，便可以更清晰地看見智慧的吉普賽人的傑出創造。比較成熟的現代吉普賽樂隊是在十八世紀中葉開始形成。在此之前，小型的吉普賽

音樂組合只是在貴族娛樂圈裡才頻頻露面。官方在一六八三年出版的一本音樂手冊裡並沒有明確提到吉普賽音樂家。

十八世紀中葉，西歐音樂開始步入更為廣闊的發展空間。這也影響著吉普賽音樂的自我完善，散落在民間的吉普賽樂師紛紛組隊建團，粉墨登場。十八世紀盛行於威尼斯等地的小夜曲顯然深刻地影響著這些嶄露頭角的吉普賽樂隊，弦樂器和單簧管的使用比重大大增加。為了贏得上流社會的歡心，從而獲得更多的資助，吉普賽人大量仿效流行的西歐音樂風格。這種模仿進而也極大地豐富了吉普賽音樂本身，最明顯的一點就是和聲的處理技巧。十八世紀八〇年代的匈牙利報紙曾多次報導吉普賽音樂家的即興表演在音樂之都維也納引起轟動，還提到他們演奏了眾多歐洲音樂家譜寫的作品。羅馬尼亞的情形與此類似，一八一五年起，一些吉普賽樂隊在布加勒斯特和其他城市巡迴表演，演奏西歐音樂家的作品；一八三〇年，一支一百人組成的大型管弦樂隊在布加勒斯特登台，獲得空前的成功。

吉普賽音樂與匈牙利民間音樂是相互滲透和啟發的。吉普賽樂曲的旋律結構無疑受到匈牙利民歌的影響，與傳統四行詩的結構類似；而匈牙利傳統音樂本來很少出現複調結構，以後的廣泛應用一定程度上要歸功於吉普賽人。同時，浪漫自由的吉普賽民族音樂也給予李斯特等偉大的匈牙利音樂家無限的靈感和創作熱情。吉普賽音樂作為一種潛在的動機進入他們的音樂作品，廣為流傳，流芳百世，其社會震撼力是吉普賽音樂家自身所難以企及的。

十八世紀末，一種新穎的音樂風格——「弗崩克」（Verbunkos）在匈牙利的吉普賽人中間發展成熟。「弗崩克」起源於鄉間招募士兵時所演奏的軍隊舞曲。吉普賽音樂家在其中添加大量時髦的西歐音樂要素，融入獨特的即興演奏技

巧，從而創造了一套「弗崩克」音樂規則。「弗崩克」音樂在和聲處理、結構安排和節奏運用上都有獨到之處，是吉普賽人對歐洲民族音樂的重大貢獻。「弗崩克」實際上是一種音樂風格，或曰模式。採用這一模式來即興演奏，任何外族旋律都可以變成典型的「吉普賽音樂」。李斯特的著名樂章《匈牙利狂想曲》便借鑑了「弗崩克」。

在十九世紀，匈牙利湧現了眾多「弗崩克」作曲家，其中最負盛名的是簡努斯·比哈瑞（一七六四～一八二七）；他還是一位技藝精湛的樂隊領隊。比哈瑞把「弗崩克」風格引入鋼琴曲，這些鋼琴曲短小活潑，富於感染力。他本人並未受過正統的音樂訓練，但留下了一百三十五首「弗崩克」鋼琴曲。

從一八四八年匈牙利革命到第一次世界大戰爆發，這半個世紀的光陰是匈牙利吉普賽樂隊發展的黃金歲月。「弗崩克」音樂漸漸贏得了中產階級的好感。吉普賽樂手有的在上流社會或市井鄉村賣藝，有的進入正規的音樂學院當教師，傳播吉普賽音樂智慧，也有的成為名聞遐邇的作曲家，如匹斯塔·丹坷（一八五八～一九〇三）。與此同時，越來越多的匈牙利作曲家開始成功地涉足「弗崩克」領地，如本尼·艾葛雷斯、本吉尼·西蒙菲、艾雷姆·金特梅、約瑟夫·道克茲、勞蘭德·福雷特、阿皮亞·伯蘭斯等等。他們被吉普賽智慧所深深吸引，同時也把本民族的智慧融入吉普賽人的世界。

十九世紀，匈牙利作曲家創作了眾多膾炙人口的藝術歌曲。這些歌曲主要是通過吉普賽人在民間演奏和頌唱的，於是，老百姓張冠李戴，以為吉普賽人是這些歌曲的始作俑者。這裡有兩方面的因素：一方面，普通大眾對印刷媒體的樂譜不感興趣，喜歡看吉普賽人活生生的表演，久而久之，得魚忘荃，反而對吉普賽人崇拜倍至；另一方面，吉普賽人把「弗崩

克」模式套用於藝術歌曲，在表演時充分發揮即興演奏的特長，青出於藍而勝於藍。從這裡可以看出，吉普賽人的表演並不是循規蹈矩地全盤接受和仿效，而是融入自己的主觀因素，把外來的智慧消化成自己的智慧。這是吉普賽人的大智慧。

相對而言，匈牙利和西班牙的吉普賽樂師、舞娘居住比較固定，因為存在著固定的市場需求。然而，流浪是吉普賽人本質性生活方式，十九世紀以來，隨著部落間的遷徙和交融，匈牙利的吉普賽音樂也傳播開來，從北非、義大利，經巴爾幹半島，一直到俄羅斯的廣大地區，吉普賽音樂不再是旁門左道的「下三流」消遣，而成為一顆令世人矚目的藝術明珠。

琴弦上的智慧

吉普賽人在樂器運用方面是多面手。不同時代和地域特色的管弦樂器和打擊樂器都是他們表達心靈的絕妙工具。吉普賽人根據所在地域人們的喜好和旋律的需要選擇樂器，能迅速地掌握各種複雜的樂器，並溶入自身的開掘和創造，使其更強有力地表現吉普賽音樂的民族效果。同時，他們還主動創造各種樂器，豐富音樂的表現力。歐洲的吉普賽人中間曾經誕生過一些著名的製琴師。樂器的運用和創造是吉普賽人音樂智慧不可分割的部分。

古老的波斯傳說已經告訴我們，吉普賽樂師是一些彈撥吹鼓高手。羅馬尼亞的早期文獻也表明，吉普賽人擅長使用彈撥樂器、弦樂器以及洋琴。在土耳其、埃及、高加索地區和巴爾幹半島，吉普賽人的合奏表演也曾使用過一種富於濃郁東方氣息的雙簧管「澤那」和兩個大皮鼓，鼓手用不同直徑的鼓棒擊

打鼓面，發出時而清脆、時而渾厚的樂音。

　　吉普賽樂師對樂器的選擇隱含著音樂市場的基本規律。對他們來說，音樂既是一種休閒，也是一種謀生手段。要讓聽眾心甘情願地掏錢，就必須首先適應他們的口味，贏得他們的好感。因此，吉普賽人每每流浪到一個陌生的國度，總是先用現有的樂器表演，企圖用異國風情誘惑新聽眾；然後，觀察聽眾的反映，放棄某些聽眾不肯接受的表演形式和工具，以當地的樂器及其演奏技藝取而代之，新瓶裝舊酒，給聽眾一種耳目一新又似曾相識的奇妙感受。由於市場因素的介入，各地吉普賽樂師運用的樂器是有所不同的，是按照各地的市場需求而決定的。比如，在阿爾巴尼亞、匈牙利等地，普通的長頸詩琴廣為流行，吉普賽人的器樂合奏便有機地融入長頸詩琴動聽的樂音。而在相距不遠的塞爾維亞、克羅地亞等地，民間音樂家普遍用一種有定音檔和小共鳴箱的長頸詩琴，吉普賽人也就入鄉隨俗，客隨主便。

　　隨著時間的推移，世界音樂不斷發展，吉普賽人的樂器也在歲月之歌的循環中更新換代。如今，單簧管已經取代了古老的「澤那」，爵士鼓已經取代了簡易的皮鼓。十九世紀中葉以後，南斯拉夫的吉普賽人吸收了當時歐洲盛行的倍司鼓，從而形成了風韻獨具的南斯拉夫吉普賽管樂合奏。在一些西歐國家，電吉他、電貝司、電子琴等電聲樂器也逐漸走進吉普賽人的音樂世界。永遠追隨著時尚的步伐，這反映了吉普賽音樂家不願落伍的心態——他們不希望自己僅僅是古老音樂的活化石。只有與時俱進，不斷變革自己、超越自己，吉普賽音樂才會擁有生命力。

　　各地的吉普賽人使用的樂器各具特色。在西班牙，吉他唱主角；在俄羅斯，吉他和手風琴輪番出場；在阿爾巴尼亞，風

笛、小提琴、單弦提琴、長頸詩琴聯手出演；在羅馬尼亞、小提琴、排簫和一種叫「考伯扎」的曼陀鈴的合奏渾然一體，完美無缺；在匈牙利，風笛和小提琴是吉普賽舞曲伴奏的指定樂器。第一個受到普遍歡迎的匈牙利吉普賽人樂隊是以女樂師費娜·金坷為首的弦樂團，所用樂器包括兩把小提琴、一架貝司鼓和一台洋琴。費娜·金坷坐鎮第一小提琴，洋琴用於和聲處理。有時第二小提琴也換用中提琴，強化和聲效果。

人們驚歎吉普賽人竟能如此迅速而自如地適應各種樂器，在任何樂器上都能施展如此卓絕的技藝。吉普賽人學習新樂器，並不從刻板的教程出發，而是全憑心靈去「體悟」；只需掌握最基本的指法和技巧，他們就完全拋開循序漸進的練習過程，自己摸索、聯想和創造。這使他們能在短時間內精通樂器，並演奏出當地人從來不曾耳聞的新異風格和魅力。

吉普賽人不僅廣泛採用各民族的樂器，而且還自己動手發明和製作樂器。在匈牙利農村，貧窮的吉普賽樂師演奏時，將一個開口向上的管道插入地下，用一根木棒或兩把湯匙在上面有節奏地敲打。這可能算是最簡易和最原始的打擊樂器了。在匈牙利鄉村，吉普賽人自行設計製作了一種類似於大提琴的樂器「伽敦」，用指甲撥奏，創造渾厚沈穩的貝司效果。「伽敦」通常由婦女演奏，而男子則拉小提琴。這種和諧的夫妻搭擋在鄉間深受青睞。這些自製樂器凝聚著吉普賽人的智慧，是吉普賽民族音樂的重要點綴。

樂器是每個吉普賽家庭不可缺少的財產。第二次世界大戰期間，納粹瘋狂迫害無辜的吉普賽人。當這些瀕臨死亡的人們走向集中營的時候，他們丟棄了許多無比珍愛的家財，卻捨不得放下樂器，因為音樂是他們生命的一部分，只要生命還殘存一天，手中的樂器就會帶來無限的快意和撫慰。這跳躍的纖纖

指尖，這溫情四溢的金色琴弦，寄託著吉普賽人多少生命的渴望和智慧的異彩呵！

用心靈歌舞的人

歌舞人生，苦中作樂，這是貧困而達觀的吉普賽人生活的寫照。命運之神並不厚待這群流浪的子民，而藝術之神卻始終不渝地鍾情於他們。吉普賽人的音樂舉世聞名，曾給眾多獨具匠心的音樂大師帶來了靈感和才思。他們的舞蹈也同樣令人陶醉。這種展示人體之美的智慧和藝術是人類文化的瑰寶，也是吉普賽人向世人傳遞內心感受的語言。

西班牙吉普賽人的舞蹈最負盛名。而在西班牙，又以小城格拉納達的吉普賽舞蹈表演最具代表性。吉普賽人、格拉納達、佛朗明哥舞這三個詞彙在舞蹈這一意義指向上是互通的。格拉納達已經成為西班牙著名的旅遊勝地，成為展示吉普賽人智慧的人文景觀。凡是到西班牙的外國旅行者，都能在官方發行的旅行手冊上讀到這樣一段介紹：「西班牙中南部格拉納達，名字取意於西班牙文GARNATHAH，意即洞穴。在城外的沙克拉蒙蒂山上，現仍有許多吉普賽人聚居於洞穴內。他們常為來訪的遊客跳佛朗明哥舞，以此賺取生活費用。」

格拉納達是一座山城，溪流潺潺的沙克拉蒙蒂山哺育了當地人，也提供給無依無靠的吉普賽人一片自由自在的樂園。兩百多年前，從古老的印度遠道而來的吉普賽人抵達西班牙中南部山區的這座城池。在城外遍布綠色仙人掌和金色陽光的山坡上，他們意外地發現許多很久以前異教徒隱居的石灰岩洞穴。風塵僕僕、滿身疲憊的吉普賽人清除了洞內殘存的枯骨，趕走

了野獸、毒蛇，居住下來。在隨後的光陰裡，這支吉普賽小分隊不再流浪，而是定居繁衍；洞穴也越鑿越多，遍布整個山坡。據統計，全盛時期所開鑿的洞穴多達四、五百個，每個洞穴都住著八至十名吉普賽人。這些黑黝黝的洞穴彷彿是無數隻失明的眼睛，痴痴地眺望吉普賽人沒有盡頭的命運歷程；每當夜間，橘紅的燈火從洞穴裡飄逸出來，整個山坡又彷彿是一座晶瑩剔透的水晶宮，向你炫耀著她的神祕和溫暖，一如吉普賽人繽紛的童話故事。

然而，災難始終沒有放過吉普賽人。曾有一次，一場連續幾天的特大暴雨導致山洪爆發，沖毀了眾多洞穴，許多吉普賽人因此喪生。風靜雨住之後，倖存的吉普賽人擦乾眼淚，決定在山腰靠近格拉納達市區的地方重新掘洞居住，這樣，萬一災難降臨，向山腳撤退也比較容易。同時，吉普賽人又把水電引進洞內，現代文明多少也給他們帶來了一點福利。

舞蹈是吉普賽人的謀生手段之一。在昔日的歐洲，賣藝的吉普賽舞娘一直是好奇的人們關注的街頭一景。她們的舞蹈一度為保守的公共舞會所禁止，被視為不登大雅之堂的低級表演。其實這完全是一種偏見。佛朗明哥舞原先是一種奔放、狂熱、富於節奏感的西班牙民間舞蹈，吉普賽人博採眾長，吸納菁華，推陳出新，創造了富於民族特色的嶄新樣式。

在格拉納達，吉普賽人組建了赫赫有名的佛朗明哥歌舞團，每晚九點半，為遊客們表演兩個小時的吉普賽歌舞，門票每張一千二百比塞塔。表演場所是一個專門安排的狹長洞穴。每當夜幕降臨，吉普賽人便打開洞口的木門，迎接四方遊客。洞外的吉普賽婦女個個打扮得花枝招展，看到上山的遊客，立刻用雙手擊出富於韻律的掌聲，然後歡叫一聲「佛朗明哥！」甜美圓潤的嗓音在山間久久迴蕩。

遊客走進洞穴，滿眼金光閃爍。各種各樣的銅製炊具、餐具，如鍋碗瓢盆、杯碟刀叉等等，密密匝匝地吊滿了石壁的頂部，在明亮的燈光輝映下，整個洞穴如同萬盞長明燈閃耀，泛出一片黃金般的輝煌，使人的情緒頓時激盪開來。洞穴的兩旁，靠牆排滿了木椅，這是來賓席，而中間的空地則是天然的舞台。舞者與觀眾的距離如此之近，以至於觀眾的臉龐不時能感覺到演員舞動裙倨送來的歡快微風。

　　輕柔的樂音如同洞外低吟的小溪般悄悄地奏響，觀眾們安靜下來，任熟悉的旋律輕輕叩打自己的心房。修長的手指在兩把金黃的吉他上滑動，亮麗的高音和舒緩的低音揉成了一種似夢、似幻、似美酒般甘醇朦朧的意境，融化了每一個人、每一顆心。

　　一曲終了，當人們還留戀於剛才幽柔的情致，吉普賽人一聲噯哨，打碎了平靜，掌聲、喊聲和歌聲剎那間交會一起，充溢了整個空間，佛朗明哥舞登台了。

　　周遊世界的新加坡作家尤今曾在格拉納達的山間洞穴裡一飽眼福，她在新加坡《聯合早報》上描繪了一幅精彩絕倫的畫面——

> 　　一位吉普賽女郎旋風般捲了進來。首先懾人心魄的是她那雙黑亮亮的大眼，只輕輕瞄你一下，便能讓你心跳如鼓。她的頭髮梳在腦後，盤成了一個圓髻，露出了光滑如綢的額頭；鼻子高而尖，隱隱透出一點兒戾氣；嘴唇柔軟而豐滿。她靜靜地佇立在那兒，好似一座由象牙精心雕成的塑像。
>
> 　　她穿著一件緊身長袖黑上衣，衣上有舉色的細條流蘇；深紅色的長裙曳地，裙上撒滿了舉色小圓點，裙襬鑲

著波浪型的花邊。啊！單看這出色的服飾，已叫人興奮得喘不過氣來。

這時，歌舞團的成員雙手互擊，發出了清脆響亮的掌聲。然後，栗木響，吉他聲出，吉普賽女郎舞動了。

她雙手如風中弱柳，腰枝如蛇，款款擺動。我彷彿看到了柳條在風中飄曳，也看到了蟒蛇在草原蠕行。微風過後，狂風驟起，野火燃燒，火舌竄上草原。啊！柳在風中亂顫，蛇在火裡狂行──她越扭越猛、愈舞愈烈。在一旁的吉普賽人，發出了原始的嘶喊，急促無比的樂聲從吉他手的十指飛躍出來，整個洞穴震得像要塌了。突然，喉嚨破、琴弦斷，一切戛然而止，一片寂靜。觀眾痴痴迷迷，渾然忘我，連掌聲也忘了給。但這也並不是舞曲的終結，只見那吉普賽女郎在一片寧寂裡，掀起了層層相疊、繁複無比的裙子，露出了光潤勻稱的雙腿。她足登一雙釘了鐵掌的高跟鞋。在以後的十幾分鐘裡，她就以這兩條腿、一雙鞋，譜出了一支又一支的「曲子」。

起初，腳起腳落，輕俏無比，像潺潺溪水流動的聲音，處處鳥語花香。接著，腳越蹬越重，越重越響，有如萬頃碧波，排山倒海地捲了過來。正當眾人被那大起大落的波濤沖得昏頭轉向時，吉普賽女郎更進一步地把眾人帶到萬丈瀑布前。水從高山奔流而下，響聲如雷。神奇的是，在巨瀑前方，眾人居然還能聽到清泉從山澗流過的聲音。小溪、大海、瀑布，流動奔瀉，交織在一起，時輕時重，時緩時急，收要自如。啊！女郎舞藝的精湛，著實已到了令人歎為觀止的地步。

佛朗明哥舞是一種心靈的舞蹈。它沒有任何既定的主題，

只是通過形式的美感，向人們傳達一種不容抗拒的情緒衝擊波。無需深究，無需細忖，只要你真誠注目，只要你滿懷衝動地擊掌，那變幻的舞姿便能撥響你的心弦，你也就讀懂了吉普賽人的生活智慧。

　　這個流浪世界的民族的歷史是一支永恆的悲歌，而他們卻仍然執著地追求著歡樂：把痛苦留給昨天，留給遠去的記憶，今夜，讓我們在這醉人的舞曲中享受生命的美麗，好嗎？

Chapter 7
詩化人生

吉普賽「侃爺」

能歌善舞的吉普賽人也是講故事的天才。他們採集各國民間故事，並融入自己獨特的風格。他們在故事裡編織進自己的人生體驗和經歷，也傾注了無數的憧憬、歡樂、惆悵和一縷縷浪漫的情懷。這些充滿想像力的民間故事記錄和顯現著吉普賽人的心靈軌跡。無論是編故事的技巧，還是借助故事傳達哲理、教育孩子，都顯示了吉普賽人出眾的智慧。

每當夜幕四合，冬日的寒風席捲曠野，吉普賽人聚集在帳篷裡，圍著營火坐下，先是討論一天之內發生的事情，大家七嘴八舌，氣氛融洽，接著就轉為講故事。每一個吉普賽人都是講故事和編故事的高手；尤其是老年人，更是「故事寶庫」。在匈牙利等國家，講故事常常是同音樂表演結合在一起的。歌手自彈自唱，用詩一般的語言和優美的旋律講述史詩或英雄傳說，情形有點類似中國的評彈。每當這個時候，講故事的人繪聲繪色，滔滔不絕；聽故事的人聚精會神，時而長吁短歎，時

而群情振奮。時間就像故事裡的強盜一樣跑得飛快，故事講完，常常天際已經泛起魚肚白。

許多吉普賽人的傳統故事其實源於各國的民間故事。在流浪的路途中，吉普賽人非常注重收集各國的民間故事。但是，在轉述的過程中，他們並不是依樣畫葫蘆地覆述，而是融入了自己的想像力和創造力，進一步豐富了故事的內涵和張力，使故事呈現出鮮明的「吉普賽特色」。

一般而言，吉普賽故事存在著這樣幾種母題：（一）是起源傳說，是關於吉普賽民族起源的形形色色、光怪陸離的說法；（二）是英雄傳說，描繪吉普賽民族英雄的非凡智慧和動人形象；（三）是愛情故事，展示愛情與群族、財產、生命之間錯綜複雜的關係，尤其是以描寫異族通婚的故事最為曲折動人；（四）是鬼怪故事，這類吉普賽人的「聊齋故事」充斥著妖魔、吸血鬼和其他超自然力，往往傳達出某些人生至理。這四種故事母題代代相傳，許多吉普賽人都爛熟於心，只需將情節納入這一框架，現編現講，便可推出一個新版的故事。

講故事與聽故事有時僅僅是一種消遣方式，故事本身並不需要負載太多的「道」，只需情節能緊扣聽眾的興趣，讓人喜歡即可。因此，許多隨意編造的故事在吉普賽人中間頗有市場，傳播甚廣。有這樣一則荒誕的故事——

　　吉普賽人高列茨・戈列爾是個貧窮的樂師。有一年冬天，天寒地凍，附近一家農民舉行婚禮，請戈列爾去奏樂。鬧洞房的農夫們喝得醉醺醺，又是讓他跳舞，又是給他滲酒。夜半，筵席散盡，戈列爾一個子兒也沒得到，像喪家犬一樣逃了出去。

　　一路上，他昏昏沈沈，在茫茫的黑夜裡摸索著路徑。

忽然耳邊響起陣陣弦樂，眼前出現迷離的幻覺，而他自己根本分不清是真是幻。

只見一個威嚴的國王端坐聖殿，傳下聖旨：世上所有的吉普賽人都到他這裡集合。吉普賽人爭先恐後、誠惶誠恐地趕去，戈列爾也擠在人群中。這時又傳來聖旨，國王自知死期不遠，想最後一次聽自己最喜愛的歌曲《利洛里，嘿，利洛里》。誰會唱，趕緊出來，國王有重賞。人群之中一陣騷動，戈列爾挾著提琴，跌跌撞撞地爬出來，站到了國王邊上。天底下所有的吉普賽人都直勾勾盯著這個不知天高地厚的小羅姆人。戈列爾整了整衣領上墊的那方雪白的手帕，一個勁兒瞅著國王，然後用下巴夾住提琴，開始演奏。起初宛如小溪淺吟低唱，突然，只見弓子上下飛舞，國王一下子聽出了自己喜愛的歌曲：「我們多麼想活著參加吉普賽人的婚禮／再聽一聽那美妙動人的歌曲／利洛里，嘿，利洛里……」國王自己也跟著唱了起來，忘卻病痛和死亡。最後他對戈列爾說：「我可愛的兒子，你簡直有一雙金手！因為你這幾個手指頭，我把整個國家送給你；因為你那把弓子，我把全部財寶也送給你！」

戈列爾一路走在雪地裡，但眼前金碧輝煌，彷彿整個世界都是他的。漸漸地，他在幻覺中迷失了方向，走到森林邊緣。只聽轟的一響，他掉進捕狼的陷阱裡，怎麼爬也出不去，看來只好蹲在陷阱裡做國王的夢了。

然而，不幸的事接二連三。正當戈列爾迷迷糊糊的時候，叭啦地一聲又掉下一個重物。幸好他沒有用手去摸那怪物。他突然在黑暗中看見兩只綠光閃閃的眼睛——狼！一股涼氣剎那間瀰漫了整個脊背。這一嚇，戈列爾酒醒

了，連忙抓起身邊的提琴，吱吱嘎嘎地拉了起來。狼呆住了，用兩隻噴火的眼睛惡狠狠地盯著戈列爾，卻不敢動他一根毫毛。

　　戈列爾現在的出路只有一條，用琴聲穩住和麻痺狼，然後尋機殺死它或等人來救。於是，他越拉越歡，彷彿站在他面前的是一個主宰世界的國王。利洛里，嘿，利洛里……簡直沒完沒了。忽然，嘣的一聲，一根弦斷了。戈列爾的腦袋「嗡」地炸開了，頭皮全麻了。現在只能在三根弦上打主意了。接著，又一根弦斷了。狼仍然目不轉睛地死盯著他。戈列爾越拉越賣力，旋律美得令人心神蕩漾。第三根弦也斷了。只剩一根弦了，生命就維繫在這一根弦上了。提琴拉出最高音區的曲調，像暴風雪一樣迴旋、呼嘯。

　　這時，天亮了。莊稼漢們一起床，就聽見隱隱約約傳來的美妙琴音。這是誰一大清早就在拉琴？大家循著琴聲趕去，來到坑邊，一下子全明白了。一個小伙子做了一個繩套放下去。戈列爾眼見著繩套在狼的頭頂晃晃悠悠地降落，更加死命地拉，而那條狼如痴如醉，繩索套在脖子上還不知道，噢的一下就被拽了上去，一頓亂棒打死。等到可憐的小提琴手被救上來，已經奄奄一息了。大伙兒給他烤暖身子，用車送回吉普賽人的宿營地。整整兩個星期，戈列爾昏迷不醒，嘴裡老是哼哼嘰嘰：利洛里，嘿，利洛里！

　　這是一則「侃」得扣人心弦的故事，本身也許並無更深的意義，但至少其表面情節塑造了一個吉普賽英雄的形象：用智慧解脫困境。故事的框架是成功的，情節驚險，引人入勝。這類故事在吉普賽人中間不勝枚舉。講故事是吉普賽人的一大休

閑方式。

人間悖論

　　傳說故事是吉普賽人教育孩子的工具之一。除了消遣性的軼聞傳說以外，許多吉普賽民間故事傳播著深刻的寓意，代表著一種價值觀念。對於孩子而言，這類故事蘊涵著父母的期望值，在聽故事的過程中，孩子不知不覺地接受了父母灌輸的生活理念，在預先設置的社會期望中成長。

　　昔日的吉普賽兒童都不接受正規的學校教育。他們的社會化過程是在艱辛的生活實踐中實現的，是在父母營造的故事世界裡潛移默化達成的。這些故事傳播著簡單的道德判斷，也告訴孩子們人世的無常和複雜。在東歐的吉普賽人中間，流傳著一個叫馬爾科‧克拉列維奇的吉普賽人的傳奇故事。

　　　　傳說，在高聳入雲的皮利什山上住著相依為命的母子倆。平日裡，母親替人洗衣服，養家糊口。兒子馬爾科‧克拉列維奇在一個法官家當僕役，法官派他去放豬。法官有個壞心眼的兒子，老是要馬爾科當他玩射箭的靶子，如果馬爾科有意避開射來的箭，那小少爺就打他耳光。馬爾科是個溫馴的孩子，為了不讓母親操心，他把所有苦水都咽到肚子裡。

　　　　有一天，法官的兒子睡過了頭，馬爾科一個人在地裡放豬。忽然，他看見田野裡太陽曬得最厲害的地方坐著神聖貞潔的聖瑪麗。小馬爾科心想，她哪能忍受得了這番酷熱呢！於是，他趕緊跑去摘下許多綠樹枝，在聖瑪麗頭頂

搭了涼棚，好讓毒陽別曬壞了聖潔的女神。搭完涼棚，他又去照料豬仔。可這時聖瑪麗開口了：

「馬爾科，回來！」

小馬爾科回頭望去，只聽聖瑪麗溫柔地說：「我的孩子，馬爾科，你能否告訴我，你最需要的是什麼？」

「我親愛的聖母，」他怯生生地回答：「我想比世界上所有的人都更有力氣。」

這時聖瑪麗給他一塊手絹，讓他用手絹擦腦門，擦上多少回，力量就增加多少倍。還給了他一把刀子。隨後，聖瑪麗說：「記住，有了力氣並不等於擁有一切，世上有些事連上帝也是無能為力的。」

馬爾科收下手絹和刀子，謝過聖瑪麗，就回去繼續放豬。法官的兒子已經在等他了。

「黑鬼，你瞎跑個啥！」法官的兒子又罵開了。馬爾科掏出手絹，從容不迫地擦起腦門。這下可激怒了小少爺，他一拳打過來。馬爾科一閃而過，且回他一拳。就這一拳，便送那混蛋上了西天。

故事講到這兒，無非宣揚的是善有善報、因果報應的道德宿命論。這在吉普賽民間故事裡是常見的。吉普賽民族一生飄泊，受盡欺凌，在故事中表達好人終有好報的主題，是尋求心靈安慰的途徑。然而，人世間並非簡單機械的道德公式所能概述，是非之間的判斷絕非紙上談兵，悲歡離合、恩恩怨怨，常常要到情感的付出與收穫相悖時才能明白世間的複雜。

馬爾科終於報了仇。他回家後，把前因後果告訴了母親。母親聽了這番話，說道：「我有件不幸的事，一直都

不願說，現在告訴你吧！這兒有個人，大高個兒，總愛在附近溜達，大家管他叫哈拉姆布薩，他玷辱了我的寡婦名譽。我的孩子，你能不能想法治治他。」

馬爾科一聽，熱血直往腦門湧，揣著手絹就往外衝。時間已過中午，他在村口忽然看見一個身材魁梧的男子騎在一匹高頭大馬上。馬爾科一邊掏出手絹擦腦門，一邊斷喝一聲：「看起來，你就是那個哈拉姆布薩！快滾下馬來，看我怎麼打斷你的脊樑骨！」

哈拉姆布薩跳下馬來，兩人便扭打起來。結果打了半天，不分伯仲。馬爾科便暗地裡祈禱聖瑪麗。於是，聖母顯靈，引導馬爾科。馬爾科拔出刀子，從對手的腰際剜出條蛇來，哈拉姆布薩立即倒地身亡。可那條蛇卻滋滋地說話了：「傻瓜，你殺了自己的父親。他曾經跟你母親一道生活，你是他的兒子。後來他遺棄了你的母親。為了報復，你母親挑唆你殺他。吉普賽人愛自己的父親應該勝過任何人，你應該殺死你罪惡的母親！」

馬爾科掩埋了父親，回家又殺了母親，然後四處流浪。他的舅舅是一位軍事首領，一聽說天下有這等罪孽，趕緊派兵把外甥抓來，投入死牢，讓他孤獨而死。

時間又過了五十年。有一天，他的舅舅自知死期已近，就對士兵說：「把黑牢的牆砸開，看看馬爾科是不是死了。」

牆砸開了，馬爾科居然從黑牢裡走了出來，可已經不是當初的小伙子了，頭髮和鬍子白花花的，屈指算來，已經七十歲了。

「我的外甥，看來是至高無上的聖瑪麗保佑了你，那就讓風兒把你刮得無影無蹤吧！」

馬爾科一直往家鄉跑。終於，他來到熟悉的村口，逢人便問：「難道你們都不認識我了？我就是小馬爾科，我就是馬爾科‧克拉列維奇！」人們認出了他，把他團團圍住，但就是不讓他接近母親住過的那棟房子。大家仍然忘不了當年的血案，異口同聲地咒罵他。

馬爾科只好離開家鄉，飄遊四方。他又向聖瑪麗禱告平安。聖瑪麗回答：「你想要的東西太多了，馬爾科。這連上帝也無能為力。力氣是我給你的，我把它收回。你已經使自己遭到巨大的不幸，我要盡我所能幫助你。不過，可別再做壞事了，馬爾科。我早就跟你說過，有些事上帝也無能為力。現在你可以回村了。」

當馬爾科重新回到村口，人們紛紛給他讓路。他輕輕推開家門，居然看見母親坐在廚房裡。一會兒，父親哈拉姆布薩也從門外走了進來。馬爾科無法接受這個事實，再一次離家出走，浪跡天涯，最後客死異鄉。

馬爾科是個好人，但卻充當了壞人的角色，一生遭罪；聖瑪麗是好心人，真心實意地幫助馬爾科，卻最終讓他感到無所適從。人間的一切就是這樣充滿著悖論和困惑，而且任何事一旦做出，就再也無可挽回。人們總是嘗試著行事，似乎在勾勒人生的草圖，而一旦嘗試付諸實踐，無論成功與失敗、喜劇與悲劇，都已成為人生的定局。時光匆匆流逝，揮不去心中的記憶，也帶不走曾經付出的情感和心淚。

正像吉普賽人常說的：「至高無上者使聖瑪麗的兒子復活了，可是十字架終歸還是十字架！」

這是一個耐人尋味的故事。人間的悖論就連上帝也無能為力。信奉神靈的人可以說：「上帝創造了人類。」但是卻絕對

不能說：「上帝創造了人類社會。」人類不是沒有生命的棋子，任上帝擺布。上帝的成功與失誤就在於他給予了人類生命、情感、欲望和無窮無盡的想像力。人類一旦擁有這一切，就脫離了上帝而存在，就脫離了自然的「我」，而成為社會的、文化的「我」。這是人類幸福的源泉，也是不幸的深淵。洞悉這一切，正體現出那些穿行徘徊於社會縫隙和邊緣的吉普賽人的智慧。

羅姆語：寬容的智慧

　　羅姆語是一種充滿矛盾的語言，它是全世界吉普賽人的共同語言。數百年來，吉普賽人頑強地維護和延續著古老的語言傳統，以此捍衛和整合著民族文化的生機。同時，它又是一種不統一的語言，世界各地的羅姆語都融合了當地的語言智慧，呈現出五彩繽紛的地域特色，體現出吉普賽人在語言方面的寬容氣度和智慧。

　　歷史學家和語言學家以語言為線索，揭開了吉普賽人的身世之謎。吉普賽人的語言屬於印歐語系的新印度語，與印度西北地區的達爾汀庫方言相近。羅姆語的不少詞根和語法形式都是從梵語中演化出來的。比如，各地羅姆方言的元音和輔音體系與古印度梵語存在著密切的對應關係。語言是文化的精髓，也是護衛民族生命的堅硬盔甲。一個語言淪喪的民族，無需多久就會被異族完全同化。運用一種語言說話，其實意味著運用一種特定的思維方式來觀察、思考和解決問題。因此，永不放棄傳統語言，也就是堅定地捍衛民族的獨立性和完整性。這正是吉普賽人的智慧。

另一方面，語言也是凝聚和整合民族的一隻看不見的手，世界各地的吉普賽人會受所在國文化的影響，生活方式千差萬別，但是，語言的相似性和互通性使他們結成一個統一的整體。芬蘭的「羅姆文化中心」主席尤爾耶‧戴赫德萊認為：語言是吉普賽文化發展的先決條件。從爭取保持這個少數民族豐富的文化觀點來看，講授和發展吉普賽人的語言是「文化中心」最重要的任務。吉普賽語言學家尤‧科依維斯托指出：「就像沒有船長便沒有輪船一樣，沒有吉普賽人的語言便沒有吉普賽人。」

　　吉普賽人走遍千山萬水，生活在形形色色的語言環境中，語言表達方式勢必受到各民族的影響。吉普賽人的智慧在於並不死抱著傳統不放，而是大膽且廣泛地吸收各民族的語言智慧，並且轉化為自己獨特的財富，顯示了一種兼容並蓄的胸懷。按照語言學家密克羅斯基的分析，現代羅姆語除了印度語的出身外，還存在著十三種不同的語源：希臘語、羅馬尼亞語、匈牙利語、捷克‧斯洛伐克語、德語、波蘭語、俄語、芬蘭語、北歐日耳曼語、義大利語、塞爾維亞‧克羅地亞語、威爾士語、西班牙藷。事實上，羅姆語所綜合的異族語言成分還遠不止這些，如亞美尼亞語、波斯語、埃及語、土耳其語、法語、英語等，都曾滋養和影響過羅姆語。現代羅姆語中的眾多外來詞彙正是這種文化交流的見証。比如，羅姆語中的骨頭、馬蹄鐵、釘子、道路這些詞都來源於希臘語，「敵人」（doshman）一詞源於波斯語doshman，「商店」（bolta）一詞源於羅馬尼亞語bolt　，「罪惡」（bino）一詞源於匈牙利語bun，還有像「聲音」（glas）、「池塘」（rebniko）、「陵墓」（grob）、「足夠」（dosta）、「但是」（ale）等詞都來源於斯洛伐克語。這些外來詞彙和表達方式極大地豐富

了吉普賽人的語言寶庫，同時也使羅姆語處於永恆的變革和進化之中，不至於因老化而僵死。

由於受所在國語言的潛在影響，羅姆語形成了一系列具有地域特色的方言，每一種方言都與所在國的語言存在著契合之處。這就出現了一些有趣的現象。比如，德國南部山區的農民已經能夠聽懂半德語化的德國羅姆方言，但這裡的吉普賽人與他們生活在西班牙安達露西亞的同胞卻無法交流，原因是兩地的羅姆語都已變味了，方言之間難以溝通。由此可見，吉普賽人的語言任其自由發展，呈現出豐富多彩的個性側面，這也折射出吉普賽人勇於適應環境、變革自我的精神。

羅姆語是一個鬆散的統一體。儘管各地方言不盡相同，但是，相互間的共同語源和契合仍隨處可見。例如，在任何地方的羅姆語方言中，都能找到諸如「巴尼」（水）、「芒羅」（麵包）、「瑪斯」（肉）、「隆」（鹽）等，這些共同的詞彙。正是這些詞彙，使各地的吉普賽方言表現出親緣關係。

文化的交流是雙向的：一方面，外族的語言環境影響著羅姆語的生長；另一方面，吉普賽人的語言智慧也向外輸出，為外族所用。例如，法國十九世紀作家歐仁·蘇的小說《巴黎的祕密》中，盜賊把刀子叫作「旭冷」（Chourin），這是從羅姆語「托利」（tohouri）演變過來的；法國江洋大盜維杜克把馬叫作「格萊斯」，也是從羅姆語gras、gre、graste、gris轉化而來的。由於吉普賽人多生活於社會底層，因此，羅姆語對民間祕密語、行話影響甚大。

吉普賽人除了講羅姆語之外，一般都能講所在國語言，有的甚至能講多國語言。羅姆語成為吉普賽團體的土語，在處理涉外事物時，他們都用所在國語言。外族的歧視更強化了這種趨勢。一位居住於耶路撒冷的吉普賽鐵匠如是說：「我不敢在

大庭廣眾之下講吉普賽語，因為阿拉伯人會拿我取笑，所以我只能在家裡講。」吉普賽人的語言接受能力極強，熟練地使用兩、三國語言是他們生存的前提條件。雙語或者多語的表達能力對吉普賽人的思維方式具有重大意義。一種語言的嫻熟運用，意味著一個全新視野的拓展。語言為我們打開了智慧的窗口，接受和消化一種新鮮的語言，另一個未知世界的智慧浪花便向我們撲面湧來。

義大利學者G‧卡爾切拉特羅在《每日》周刊上撰文指出：「吉普賽人的文化經過不同的遷移，變成再生的、混合的和被同化了的文化，它的傳播僅僅是依靠口語。它是一種不統一的語言，而可以說純粹是無數的土語夾雜著他們所在各國官方語言的混合物。」

在相當長的歷史時期內，羅姆語一直是作為口語而傳播的。這是一種沒有書寫字母的語言，完全憑藉口頭傳授和表達，就好像吉普賽人的佛朗明哥舞和器樂演奏從來就不存在印刷的樂譜，而純粹是即興的表演。

由於吉普賽人特定的生活方式，文字的創立和教育的普及具有相當大的難度。這是羅姆語一直難以文字化和規範化的客觀限制。然而，主觀因素的作用仍是巨大的。在外族的強大壓迫和滲透下，吉普賽人始終把羅姆語當作抵禦文化殖民侵略的盾牌，當作保存祕密的獨特交流方式。當吉普賽人中間始終存在著這樣一樹祕密語，外族的同化策略便無計可施了，因為外族無法介入吉普賽人的傳播網絡。

進入二十世紀，吉普賽人的語言發展邁進了一個全新的階段。尤其是近幾十年來，隨著社會環境的良性發展，普及教育成為可能。但是與此同時，一個危機也出現了：傳統的羅姆語正在萎縮，許多土語已變得異常貧乏，特別是有些隱語已經消

失，而年輕人則對所在國的官方語言日益感興趣，對羅姆語表現出淡漠的態度。因此，一些有識之士認為，創立吉普賽文字成為現實的需要和必要。二戰以後，書面羅姆語逐漸在吉普賽人中間出現；一些西歐國家也陸續出版了不少羅姆語的詩集和民間故事集。

　　一九八〇年六月，芬蘭的「羅姆文化中心」在基烏魯維西召開吉普賽人代表大會，大約兩百名來自芬蘭及北歐其他國家的代表出席了會議。這次會議在廣泛討論的基礎上，通過了《羅姆政治文化綱領草案》。草案要求，凡是有吉普賽人居住的各國政府部門，都必須採取具體措施，使吉普賽人的語言和文化能夠保留下來。會議同時決定，在芬蘭建立一個吉普賽民族研究所。《綱領草案》還提出要編寫一部羅姆語詞典，並對語法和教學問題進行研究，把羅姆語這一吉普賽人的偉大智慧通過文字的形式保存和固定下來，並以此作為振興吉普賽文化的重要工具。

田野教育

　　規範化的教育在昔日的吉普賽人中間是不存在的。吉普賽人借助於音樂、民間文學等形式傳遞著民族文化的血脈。然而，隨著歲月變遷，吉普賽文化經受著現代文明的劇烈衝擊，為了保存和復興民族文化，他們主動借鑑外族的經驗。教育興邦，外族的教育模式配合吉普賽人的文化精髓，如今已在各國出現。

　　由於羅姆語曾一度是一種口語，因此，判定吉普賽人的文盲比率，往往是依據他們對所在國語言的識字程度而定的。數

十年前的統計資料告訴我們，絕大多數吉普賽人是文盲，幾乎全部成年的吉普賽人都不識字。一九六四年匈牙利官方統計，該國的吉普賽人文盲比率為 30%。時至今日，住在原西德境內的數萬成年吉普賽人，還有 35% 的人是文盲，80% 的人未完成小學課程。

　　吉普賽人的高文盲率與多方面的因素有關。首先，吉普賽人的生活方式流動性極強，不適合於固定的規範化、系統化教育。其次，吉普賽人歷來擁有一套自成一體、自圓其說的教育觀點，不信任外族的教育。在他們看來，學生在學校用午餐、幾個孩子一起上廁所、男女孩子在遊戲中手拉手、開設生理衛生課等都是違反「麥里姆」戒律的。吉普賽人主張「田野教育」，認為生活本身就是一所學校，生存技能通過實踐獲得，而抽象的人生哲理則通過民間故事、音樂等形式傳達。他們曾固執地認為，接受外族教育，學習別國文字，就是接受異族的同化和兼併。因此，拒絕教育、拒絕教化曾是吉普賽人自我保護的手段。

　　還有一個重要的原因，就是外族的歧視和迫害。由於種族偏見根深柢固，校方和學生家長的排斥態度構成了吉普賽孩子在求學上不可逾越的障礙，開除這些學生的事情屢見不鮮。一九六九年，匈牙利曾有一位鄉村小學負責人拒絕接受吉普賽兒童入學，其理由是這些孩子太髒，會把疾病帶給其他兒童。大部分吉普賽兒童只讀完低年級；越到高年級，人數就越少。在捷克和斯洛伐克，每六名吉普賽兒童中只有一名完成高年級的學業，上中學的連 1% 都不到。在南斯拉夫，上中學的比例也只達到 2%。在塞爾維亞地區，每六十個吉普賽孩子中最多只有一個上中學，目前吉普賽大學生不過百人，從事醫生、律師、工程師等腦力勞動的吉普賽人也只有兩、三百人。

外族愈是壓迫，吉普賽人愈是拒斥教育，他們的文化程度和生活條件愈是難以改善。這已經形成了一個可怕的「馬太效應」。然而，近幾十年來，工業文明猛烈衝擊著吉普賽傳統的經濟生活和文化生活。在日新月異的現代社會，吉普賽人生存狀況的落伍是驚人的。要生存下去，就必須適應這種變革，投身到社會的大循環中去。一種開放和創新的教育觀念在吉普賽人中間開始醞釀、成熟。

一些國家的吉普賽人主動走進當地學校，接受教育，並且逐漸憑文化教育程度和智慧躋身於社會生活。在接受外族教育模式的同時，他們絕不放棄本民族的語言。書面的羅姆語成為許多吉普賽學童的必修課。在匈牙利，已有幾所學校嘗試性地開展羅姆語課堂教學，布達佩斯大學有個專家小組從事羅姆語的研究。但是，書面羅姆語的普及仍遇到巨大的阻力，主要是外族的不重視。比如，儘管馬其頓共和國出版了一本羅姆語語法，但吉普賽學生不能在課堂上使用它。

巨大的阻力只能更強烈地激發起這個弱小民族的覺醒意識，吉普賽人的受教育程度和範圍正逐步遞增，羅姆語的普及程度也正有組織、有計劃地增長。在南斯拉夫，多年以前，吉普賽人曾上街遊行示威，反對「茨岡」這個稱呼。現在，大眾傳播媒體中的「茨岡」一詞已被「羅姆」替代。這一改變實質上是確定羅姆語的社會地位。在尼什和特托沃，電台定期用羅姆語廣播；在貝爾格萊德，一本羅姆語的雜誌也公開出版。在前蘇聯，莫斯科羅姆劇院的團長喬‧康蒂是蘇聯作協會員。一九七〇年，他出版了一本詩集。這是戰後蘇聯出版的第一本羅姆語書。

前蘇聯的吉普賽作家拉科‧切倫科夫曾說：「現在蘇聯很難遇到吉普賽文盲。戰前卻不然，有些集團，如聚集在比薩拉

比亞的吉普賽人沒有人識字。今天吉普賽人的年輕一代經過八年或十年教育，在城鎮裡幾乎無法從文化程度上區別吉普賽人和其他民族的人。但是他們並沒有丟掉自己的語言和民族意識。」

這番話雖然不免有些誇張成分，但基本上是有根據的。有位中國的音樂工作者曾在印度參觀了一所吉普賽孤兒學校。這是一所包括學習文化、技術及生活等一切設施的中等規模寄宿學校。學生全是失去父母或雙親缺一的吉普賽兒童，年齡從四、五歲到十七、八歲，根據年齡分班，食宿均由學校供給。到了十八歲，如果他們能夠生活自理，並有一定的文化和技能，就讓他們到社會上去闖蕩自立。學校由三人組成的管理委員會負責，梅農夫人是委員會主席。學校聘請了教授文化、技術及管理生活的各類教師，經費由管委會向社會募捐。目睹這一切，這位中國的音樂工作者頗為感慨：如今的吉普賽人已經遠不是印度影片《大篷車》裡那些苦難的遊民。吉普賽人正在一個全新的社會和時代裡，塑造一個全新的自我。

Chapter 8
宗教夾縫裡的智慧

吉普賽人的「原罪」與自省

從歷史考証的角度看，吉普賽人的流浪與宗教並無多大瓜葛。然而，吉普賽人總喜歡把自己的身世描繪成宗教流放，他們的眾多起源傳說摻雜大量宗教成分。這究竟是怎麼回事？

其實，吉普賽人的用心昭然若揭。他們所抵達的歐洲是一片具有深厚宗教傳統的土地，借用宗教的名義，無疑能使他們名正言順地躋身於歐洲民族之林。無論這些流傳的宗教故事是褒揚還是挖苦他們，他們終究像無數股旺盛的地下細流般滲透進了歐洲大陸。絕大多數關於民族起源的宗教故事都是他們自己一手炮製的，而這些故事往往體現出吉普賽人的自省意識。這種從智謀之中昇華出來的深刻智慧是值得珍視的。

今天的吉普賽人已經完全相信他們的祖先苦心營造的童話世界。祖先的閉門造車成為後世的金玉良言。這些傳說散布甚廣，如傳說他們起源於法老王國，由於沒有給聖母瑪麗亞和約瑟安排居住的地方，所以被判決在世界各地流浪；或者說由於

他們對宗教不虔誠，時而接受、時而拒絕基督教，所以受到教皇懲罰，流放世界各地。還有一種頗為流行的說法是：

公元一世紀，羅馬帝國的奴隸主統治階級為鎮壓基督教，要處死耶穌，曾命令埃及一位鐵匠打製釘十字架用的釘子，該鐵匠拒不從命，結果被羅馬統治者趕出埃及，一大批信仰基督教和同情耶穌的埃及窮人也跟隨這位鐵匠離開了埃及，流落世界各地，成為今天的吉普賽人。

這則傳說是講吉普賽鐵匠拒絕充當謀殺耶穌的幫凶。然而，還有一個完全相反的故事，在東歐的吉普賽部落流傳：

傳說，罪惡的羅馬當權者想把耶穌釘在十字架上，所以找來三個士兵，給他們八十枚克拉依查爾，讓他們去鐵匠那兒買四根釘子。

三個手執長矛的士兵都是不務正業的酒鬼。他們決定先下酒館，不知不覺地把一半的錢都喝進肚子裡去了。搖頭晃腦地離開了酒館，他們便去找鐵匠。不一會兒，他們找到一個幹這門手藝的阿拉伯人，大聲命令：「聽著，阿拉伯人！我們要四根結實的釘子，是十字架上用的，你給我們打出來，要快，明天我們要讓耶穌基督上十字架，因為他想統治全世界。」

阿拉伯人聽完這話，立刻提來一桶水，把熔鐵爐裡的火澆滅了，回道：「你們純粹是胡說八道！我聽說過耶穌，他是個好人！你們想把他釘在十字架上，我可不會幫你們的忙。」

士兵們舉起長矛威脅，阿拉伯人仍大膽駁斥。士兵們於是殺了他，再找另一個鐵匠。他們在一家院子裡，看見一個猶太人正在鐵砧邊幹活。士兵們便說：「聽著，猶太

人！我們要四根結實的釘子，是十字架上用的。快點打，我們等著用。」這一回，他們學乖了，一個字也沒提到耶穌基督。

猶太人馬上升火打鐵。他剛把頭一塊小方鐵放在燒紅的煤上，火焰就高高地噴射出去，火焰裡傳出阿拉伯人的聲音：「別幹了，猶太人！不能幹這個！這些釘子他們想用來釘那位偉大的先知的軀體！他們要讓他上十字架！」

猶太人聽了這些話，渾身都顫抖起來，馬上摋下了鐵錘，斷然拒絕：「不，我不給你們打這些釘子！哪怕你們把我自己釘上十字架也不幹！上個禮拜我還看見耶穌來著，他是騎著毛驢到這兒來的。」於是，他也被士兵用長矛刺死了。

夜已經很深了。這下士兵們發愁了：第二天清晨就要用刑了，空著手回去是要殺頭的，何況他們已經把錢揮霍了一半。突然間，他們發現遠處有一絲微弱的火光。走近一瞧，原來是一堆炭火，旁邊坐著一位手持鐵鉗的吉普賽人，他的妻子正在掄錘打製釘子。

「你好，吉普賽人！你再給我們打三根釘子，手裡的這一根也給我們，我們付你四十個克拉依查爾。多一分錢也沒有了。」

這對吉普賽人來說，實在是筆大數目了。夫妻倆二話沒說，就動手打起來。第二根尖利的釘子剛打出來，阿拉伯人和猶太人的魂靈就在火焰裡說話了：「快放下，吉普賽人！不能幹這個！他們要用你的釘子去釘那位偉大的先知！他們要把他送上十字架！」

這些話不論是他的妻子還是士兵都沒聽到，就只有吉普賽鐵匠一個人聽得仔仔細細。他當然也清楚耶穌是怎樣

的一個偉人。「可話又說回來，」吉普賽人想：「當兵的有的是力氣，他們手裡的長矛又亮又尖好嚇人。」他用眼角瞟了一下長矛。這一嚇真是非同小可：那上面還鮮血淋淋。吉普賽人連忙給妻子揮手示意——趕緊打下去！

就這樣，他又打出了第三根釘子，士兵們立刻把三根釘子裝進背包。最後，鐵匠打出了第四根釘子，趁熱把它扔在鐵砧旁的泥地上。

這時，奇蹟出現了，釘子紅彤彤地躺在地上，就是不冷卻。吉普賽人急得又是澆水，又是撒土，可釘子還是那麼通紅通紅的。士兵們認為這釘子裡面大概有魔鬼作怪，所以迅速帶著那三根釘子走了。就這樣，神聖的耶穌基督被三根釘子釘在十字架上。

再回頭看看那個吉普賽人。這天夜裡，他離開原先打鐵的地方，一會兒在這兒支帳篷，一會兒在那兒挖坑，可就是不得安寧。原來無論他在哪裡打鐵，總有一根燒紅的釘子冷卻不下來，像一隻通紅的眼睛般注視著他。這下吉普賽人無計可施了，只好套上大篷車，頭也不敢回地滿世界亂跑。今天吉普賽人的流浪全是上天的懲罰。

吉普賽人的起源故事是為他們在歐洲打天下鳴鑼開道的。在一類故事裡，他們扮演著被迫害者的形象，因宗教迫害而背井離鄉，這容易激起歐洲居民的同情。而在另一類故事裡，他們則是有「前科」的順民，歷史上曾犯過宗教錯誤，如今已棄惡從善，歸順神靈，歐洲大眾自然應該寬恕他們。

這是一種通過自我貶低而達到自我肯定的智謀。然而，自我貶低本身卻真實地觸及了吉普賽自身的弱點。這又是一種自我反省和批判的智慧。吉普賽人出於生存的考慮，往往更多地

追求實用和功利，而忽略了正義、良心和道德。這種人格的偏失常常致使吉普賽人的智慧誤入歧途，歷史上曾經出現過的偷竊、詐騙等不甚光彩的行徑正是例証。

然而，吉普賽人終究不是一個缺乏是非準則的邪惡民族，他們的某些不道德舉動往往是不得已的。同樣，他們也意識到自身的缺陷，通過傳說、笑話等嬉笑怒罵的形式自我反省、自我解剖。這種「反其道而行之」的智慧也是民族文化內部的自律機制，能有分寸地調控和把握形形色色的越軌行為與正態人格的關係，使人格本身不至於滑入罪惡的深淵。

一個智慧的民族不僅在於能充分地施展她的卓越智慧，也在於能看破和諷刺自己的智慧盲點。因為只有自我反省，才會帶來自我超越。

萬神皆備於我

吉普賽人不是優秀的教徒，但肯定是生存競爭的強者。他們對宗教的態度半是迷信，半是功利。他們利用宗教為生存服務。儘管他們時時表現出泛神論者的姿態，但是，他們始終抗拒和懷疑宿命。他們堅信自己是命運的主人。

吉普賽人沒有固定而統一的宗教信仰，他們通常接受所在國的宗教。歷史上，他們曾依附印度教、伊斯蘭教、東正教、天主教和新教。生活在不同國度的吉普賽部落歸附於不同的宗教。同一個部落在不同的地域和時代也會不斷改信其他宗教。今天，所謂信教的吉普賽人不在少數，據統計，原西德 90％的吉普賽人是天主教徒。但是，這些信仰僅僅作為權宜之計，絕非真正的皈依。同時教會也將他們拒諸門外。十四世紀第一

批來到歐洲的吉普賽人自稱是被驅逐的朝聖者，雖然曾因此而一度受到教會的保護，但很快就被拋棄了。

吉普賽人在信仰問題上表現出的漫不經心或者三心二意的態度，在歐洲宗教界是眾所周知的，連吉普賽人自己也從不諱言。在匈牙利等地的吉普賽人中間，流傳著一個耶穌基督師從吉普賽人打鐵的故事——

吉普賽人的打鐵技藝舉世無雙，上帝就讓耶穌跟吉普賽鐵匠學藝。先學用鼓風，然後學打釘子。一天，格羅季亞國王兩匹心愛的棗紅馬一撒野丟掉了釘在蹄子上的馬掌。這是兩匹桀驁不訓的烈馬，當僕役們想給它們重新釘上馬掌時，差點沒讓它們給踢死、咬死。這可怎麼辦？他忽然想起村邊的吉普賽鐵匠。

老鐵匠壓根兒就沒有見過這樣倔強的馬，剛剛摸到馬頭，就被一腳踹倒在地。耶穌眼看師傅招架不住了，便說：「停一停，師傅，讓我來幹。」

「你知道自己吃幾碗乾飯嗎？胎毛未褪的小毛孩子！」吉普賽人火了，「你這小子到處亂插槓子！這樣的馬你連做夢都沒有見過，你還想把我給壓下去！好，來吧！你試試，看你到底有多大能耐！」

只見耶穌抄起那把放在院子裡的斧頭，砍掉兩匹棗紅馬的蹄子，噹噹幾下，就把馬掌釘在砍下來的蹄子上。這可嚇壞了吉普賽人：「你這小該死的，這下我的腦袋保不住了！」

耶穌不說話，只是耐心地釘馬掌。釘完後，他把蹄子接在馬腿上，吹一口仙氣，一眨眼，棗紅的馬又活蹦亂跳地站了起來。吉普賽人興奮地抱住耶穌，大聲嚷道：「我

早就對你父親說過，你一定會成為一個好鐵匠的！誰能說你身上流的不是羅姆人的鮮血？」天黑前，國王的僕役又來了，賞給吉普賽人一大堆叮噹作響的金幣。

從此以後，愛馬的格羅季亞國王一遇到打馬掌之類的事，就派人捧著大堆錢財來找吉普賽人。吉普賽人的小日子越過越紅火，可實際上這些活都是耶穌一個人幹的。

有一回，僕役們又牽來幾匹馬。正巧耶穌外出送煤。吉普賽人此時已忘乎所以，自視甚高，他也抄起斧子，砍下馬蹄，釘上馬掌。可當他如法炮製，把蹄子接回原處，就出了亂子，無論怎麼吹氣，蹄子就是接不上，棗紅馬的鮮血浸透了土地，奄奄一息。吉普賽人急得汗流浹背。他叫來妻子一起吹，又抱來風箱，一個勁兒鼓風。然而，一切全是白搭。他幾乎絕望了：「聖母啊！我全能的主啊！我有罪！現在我求求您把您的兒子趕緊打發回家吧！」

話剛說完，耶穌果真回來了。只見他往馬腿上掃了一眼，幾匹馬立刻站了起來，向遠處跑去。吉普賽人又看呆了；「你怎麼連口氣也沒吹，馬就復活了？」

耶穌說：「靈魂之所以能夠回到馬身上，不是因為我吹氣。只要我那至高無上的天父願意，這一小把爐渣也能在我的手裡變成金子。」

「你吹牛！」吉普賽人剛說完，那把爐渣就在耶穌的手裡變得金光閃閃。可是，耶穌把它隨手扔進了爐渣堆，一下子又不見了。

「你缺少信仰，吉普賽人。」耶穌臨別時如是說。

這則故事把耶穌基督描寫成吉普賽的學徒，多少有些戲謔的味道，足見吉普賽人對宗教的輕率態度。然而，這又是一則

自我解剖的故事，矛頭直指自身的缺點，而且用一種嘲諷的筆調自我解嘲，可見吉普賽人的清醒與超脫。

雖然吉普賽人對系統化、程式化的宗教朝三暮四，但是，他們中間始終存在著一種泛神論的傾向。他們崇拜星月和樹木，樹木被視為種族的象徵。至今仍生活在印度的吉普賽人還信奉自己的神靈，他們的祈禱方式也與眾不同，沒有統一的祈禱日與祈禱儀式。他們在沙漠深處為神靈修建寺廟，經過寺廟時，拾起一塊石頭，拋向寺廟，就算是對神的祈禱，祈求神靈護佑他們在沙漠中逢凶化吉，遇難呈祥。

吉普賽人並非是真正無信仰的民族。他們來自宗教傳統悠遠的印度，一直擁有自己的原始宗教信仰。他們信奉世間存在著一種超自然力量。但是，這種原始信仰從來沒有經過統一的技術處理，因此不成體系。不過，吉普賽人對外族宗教的理解多半是以這種原始信仰的眼光出發的。他們基本的宗教觀是善惡二元論，信奉叫作「沃德爾」的善神和叫作「潘」的惡神。他們從正反兩方面看待事物，崇尚智慧的光明面，同時也找出智慧陰暗面存在的依據，從而把握美與醜、善與惡的分寸。的確，吉普賽人是一個交織著矛盾的奇妙民族，真誠與罪惡、美名與惡名並存，讓人厭惡，讓人同情，也讓人熱愛。

吉普賽人在宗教問題上持二元論的觀點；同樣，在整個世界觀上也是二元論。他們信奉超自然力，但又不相信宿命。他們認為，人的一生雖然有命運的前定，但是，人的主觀努力可以改變命運、創造命運。這種自主的命運因自己智慧的釋放和介入，同樣是命中注定的。一句話，人要相信命運，但命運並不可怕，命運的僵繩握在自己的手中。

德國詩人尼科勞斯‧列瑙在一八三八年作了一首題為《三個吉普賽人》的短詩，李斯特曾為之譜曲——

遠處的綠草地上
三個吉普賽人沐浴在陽光下
此時，我的馬車倦意沈沈
穿過遍布砂礫的荒野

其中一個手持提琴
怡然自得
金黃的夕陽下
流淌著一支奔放的旋律

第二個嘴裡街著菸斗
煙霧裊裊
他如此快樂，好像世間
再也不需要任何幸福

第三個悄然入夢
琴兒掛在樹梢
風兒掠過琴弦
夢影飄過心房

三個吉普賽人
衣衫襤褸
可他們如此驕傲
充滿著對宿命的嘲諷

我的心悄悄敞開
當你我的生命昏暗之時

我們也將如此恬然充實
給命運無畏的鄙視

馬車已遠
我的視線追逐著他們的身影
他們褐色的面龐
他們烏黑的鬢髮

這是對抗拒宿命、生命自由的吉普賽人的真實描繪。望著
這些浪漫的吉普賽人，也許該套用這樣一首小詩──

有人問幸福
什麼叫幸福
幸福說
瞧，這群人
他們比我還幸福

聖瑪麗節：智慧的巡禮

聖瑪麗節是吉普賽人盛大的節日。這個以宗教為名義的傳統節日實質上是民族凝聚力的全面顯示，也是吉普賽人獨特風俗和智慧的全方位巡禮。

歐洲曾經流傳過這樣一個故事：一輛吉普賽人的大篷車在流浪途中陷進泥沼。大家下車一齊推，並向聖母祈禱：「仁慈的聖母啊，請幫助我們！如果我們的車能從泥沼中推出來，我們一定向你供奉一支和我們身體一樣大的蠟燭。」當馬車開始

移動時，那支許了願的蠟燭就縮小到腳那麼大。再往前移動一點，蠟燭就變成腳趾頭那麼大。馬車終於走出泥沼，許願的蠟燭也就成為泡影了。吉普賽人對聖母聖瑪麗亞虔誠地敬禮，說道：「仁慈的聖母，您對我們這樣的窮人一定不會苛求，我們對您的敬意比奉獻給您的蠟燭更好。」

吉普賽人對聖母聖瑪麗亞懷有特殊的好感。不僅如此，他們對女性神靈都頗為熱衷。這也許是母權制社會的殘餘影響，但更多的是基於對外族的反感。由於他們認為上帝過分遷就和縱容外族，所以「恨烏及屋」，上帝便不受歡迎了。

聖瑪麗節已有一百多年歷史，但其源頭似乎更久遠。歐洲的吉普賽人每年都要舉行一次巡禮。早在一四四八年，由昂克家族倡導，歐洲的基督教徒就創立了朝拜聖女瑪麗·雅各布和瑪麗·莎荷美的宗教儀式。十六世紀，這種儀式已廣泛盛行於歐洲。吉普賽人開始大規模進入歐洲社會，他們便偽稱基督教徒，參加巡禮，沒想到卻漸漸成為他們生活的一部分。

十九世紀以後，吉普賽人開始固定地前往法國南部加瑪麗島的聖瑪麗城舉行巡禮。這是一個風光旖旎的地中海小城，時間定在每年的五月二十四日至二十五日。早年的資料記載：「早在五月二十二日，數以百計的吉普賽人就已經抵達。二十四日夜晚，他們整晚守候在聖女莎拉的神翕旁，寸步不離，通宵不眠。二十五日陸續離去。」❶

聖瑪麗節是吉普賽人自己的節日，所以，他們不再向基督教的兩個聖女禮拜，而是按照天主教的方式，向他們自己的黑聖女莎拉頂禮膜拜。黑聖女莎拉是聖女瑪麗的使女，是吉普賽人敬奉

---

❶ 轉引自《宗教倫理大辭典》，第六卷，第四六四頁，英文版，一九八〇年。

的守護神。祭祀典禮的前夜，來自歐洲乃至世界各地的成千上萬吉普賽人靜靜地聚集在莎拉的偶像前行禮參拜。他們用五彩繽紛的鮮花和花邊裝飾黑聖女莎拉的藍白色衣服，並給她戴上項鍊，點上數百支燦爛奪目的燭火。整個夜晚，朝聖的吉普賽人情緒激昂，婦女們把孩子高高舉起，讓他們親吻黑聖女的臉龐。成年累月的「親熱」，致使莎拉雕像的彩繪顏料日漸脫落。

　　第二天清晨，在十八位騎馬衛士護送下，吉普賽人將擱放聖像的小舟抬向岸邊，放入海水中，舉行海洋祝福儀式。以前，眾多尾隨者都要走入水中祈禱，現在只需佇立海邊即可。

　　聖瑪麗節對外族遊客來講，是一個難得的民俗景觀。當成千上萬的吉普賽人湧到地中海岸邊，成千上萬好奇的觀光客和記者也尾隨而至。美聯社記者伯尼特這樣描述：「在這個城裡的一座小教堂漆黑而香煙繚繞的地下聖堂內，插在這位黑膚色貞女塑像面前的數百支白色蠟燭通通點燃起來，燭火照得滿堂通紅。人們靜靜地魚貫而入，其中有頭髮漆黑、膚色黝黑的男青年，有身著顏色鮮艷的襯衫的婦女，以及頭上裹著頭巾，身著長裙，佩戴耳環、項鍊和戒指的老奶奶。」❷

　　宗教慶典舉行完畢之後，吉普賽人還要進行唱歌、跳舞、鬥牛、賽馬等娛樂活動。這是最激動人心的時刻。整個聖瑪麗海灘沸騰了，人們歡呼雀躍，喜笑顏開。離散的親友又重新會晤，尋回往日的溫情。

　　有時，吉普賽人還會舉行黃昏彌撒。在一個臨時搭建的帳篷裡，三位神父坐在一張折疊桌後面，一名提琴手和一名手風琴手為坐在四周唱聖詩的會眾伴奏。

　　彌撒做完，眾人鳥獸散，一會兒又帶著酒菜回來聚餐。

---

❷　《參考消息》一九八〇年七月二十九日。

Chapter 9
灰色的智慧

占卜：十四條軍規

英國鄉間曾流傳著一首古老的韻詩，結尾是這樣的——

And for every Gypsy woman old
A maiden's fortune will be told.
（每一個吉普賽老婦，都會算出少女的吉凶貧富。）

在外人的腦海裡，占卜算命似乎總和雲遊四方的吉普賽人，尤其是和吉普賽婦女聯繫在一起。幾乎所有的浪漫文人在描述吉普賽少女時，都喜歡把「算命」作為佐料摻和進去，彷彿神祕的占卜和美麗而又捉摸不定的吉普賽女子存在著天然的契合。至今在歐美國家的公共場合，人們還常常能見到這些衣飾華麗、口齒伶俐的吉普賽婦女；而在過去，吉普賽婦女經常是在挨家挨戶上門推銷手工製品時，順便推銷形形色色的相術占卜的。每逢這種場合，顧客「上鉤」的機會倍增，因為大凡

要求算命的人都藏著些隱私，出了家門是不便啟齒的。

　　絕大多數算命毫無疑問是蠱惑人心的把戲。一心只想著顧客錢包的算命女郎表面上總是神祕兮兮的，彷彿擁有先知先覺的超凡本領；事實上，大多數人並無「特異功能」可言，只是在長期實踐中磨煉出眾多破譯人們內心密碼的技巧和智謀。幾個世紀以來，吉普賽人的算命行當始終沒有萎縮消逝，經得起時間考驗的並不是欺騙和陰謀，而是一種灰色的智慧。

　　英國吉普賽民俗協會第一任主席雷蘭德曾歸納出吉普賽傳統算命術的十四條要訣——

(1)在大多數場合，對前來算命的中年男子說他們曾被一椿案子或一場財產糾紛攪得不可開交，是不會有太大之偏差的。表達時，口氣要堅決、沈著，略帶誇張。如果顧客暴露出一丁點表情變化，或者乾脆承認了，那麼就迅速捕捉時機，表達同情心，進而煽動對方的情緒。

(2)告訴顧客，一筆巨大的財富或一件令人愉悅的好事即將降臨在他的面前，但他必須小心翼翼地抓住機會，並且充滿進取心和精力，否則將一事無成。

(3)告訴顧客，他一生中有三次重要機會或能贏得三筆巨資。如果你已經知道他曾繼承過一筆遺產，或生產上發了一回財，或官場上有一回重要提升，那麼就可以故弄玄虛地暗示他自己至少能明白這三大時運中的一回是什麼。這種技巧很少失手。

(4)告訴顧客，一位美麗、溫柔而又富有的女子正悄悄地愛著他，但最後的幸福還要靠他自己去爭取。有時也可以說，不久他將見到一個他從未想到的重要人物。

(5) 告訴顧客：「有一回，你同親戚或朋友發生激烈的矛盾，他們非常粗暴地對待你。」或者說：「他們曾經準備幹一件不太合適的事，你堅決阻止了他們，引發矛盾。」

(6) 對顧客講：「你曾經三次處於死亡的威脅之中。」講這話時，口氣要極其誇張。每個人，即便是小學生，都相信他們曾經遭遇危險。這是不會吹破牛皮的。如果顧客絮絮叨叨地講起某些驚心動魄、大難不死的經歷時，你就可以預言未來的危險。

(7) 對顧客講：「你有一個導致你痛苦的潛在敵人。在你確定他或她的性別之前，這人會一直在暗中作祟。但是，這人對你的傷害必將反過來在自己身上產生報應。」或者簡單地說：「那些侵害你的人，終將惡有惡報。」「你曾經有過敵人，他們注定要遭受報應。」「你有一個敵人，但你比他活得長。」

(8) 對顧客講：「你曾經因為做了一件好事，而給自己帶來麻煩。」

(9) 對顧客講：「你的脾氣常常使自己陷入困境。從前，你的魯莽和憤怒（或者對幸福的渴望）曾導致自己處於痛苦之中，但最後你還是得到了歡樂。」或者說：「壞脾氣將要纏上你，小心點！」

(10) 對顧客講：「你不久將會遇見一個對你的未來產生重大影響的人，但你必須珍視同他之間的友誼。你不久將會結識一位朋友，並與他（她）墜入情網，但你必須具備足夠的勇氣。」

(11) 對顧客講：「你將發現一個非常有價值的東西，但你必須悉心觀察。你已經兩次與一筆巨大的財富擦肩而

過，但你將贏得第三次機會。」

⑿ 對顧客講：「你曾經為一個人做了許多好事，或者為他創造了可觀的財富，但這人的品行並不怎麼好。」

⒀ 對顧客講：「你曾經多次捲入桃色新聞，但你的言行始終無可指責。」

⒁ 對顧客講：「你具有非凡的能力，過不了多久，一個機會將讓你完全施展才華。」

毫無疑問，雷蘭德的十四條原則是將算命這項變化無窮的智慧操作簡單化了，但其中確實隱含了不少「真知」。一位生手只要能悟出這些語言符號底下的智慧機理，再加上敏銳的直覺，察顏觀色的能力和富於蠱惑及權威性的手勢、眼神等形體語言，便能面對種種顧客而游刃有餘。

吉普賽女子的算命似胡侃卻非胡侃，她們每每總能說準一二，否則靈驗的名聲是不會遠揚的。這個「說準」，與她們的觀察視角和語言技巧存在著密切的關係。

第一，她們把一切顧客都設定為「好人」。在算命時，她們排除是與非的道德評判，即使對象內心藏著不可告人的祕密，她們也從「好人」角度來描繪陳述。因為無論什麼人，你說他是好人，他總是高興的，一種親近感和信任感也就油然而生。這事實上是主動站在對象的立場，替人辯護、出點子。當然，這並不是說吉普賽人缺乏道德感，這裡的「好人設定」完全是出於商業考慮，至於應有的道德批判意識，在需要的場合，她們會在具體的陳述中隱晦地傳達，讓壞人「吃藥」。

第二，她們始終抓住社會生活中的矛盾現象。「好心好報，惡有惡報」的因果報應模式無疑是理想狀態，但現實生

活中存在著太多好人一生坎坷，壞人享盡富貴的悖論。正如一首歌中所吟唱的：「昔日所謂的金童玉女，今日所謂的萍水夫妻；昔日所謂的才華橫溢，今日所謂的懷才不遇；才子佳人，說說而已……」書上所說的「命運多蹇」，常常是「好人」的注腳。這些矛盾往往是人們的心理情結所在，是情緒的涯聚點。因此，觸及這些普遍性的矛盾，事實上的效果是直入人心，一針見血的，總能引起對方的共鳴。

第三，她們把「人的欲望」作為切入口。吉普賽婦女的算命可以歸結出兩大主題：金錢和情愛。這是人類生活萬古不朽的話題，也是人們永恆關注的焦點。吉普賽婦女從「欲望」的視角來把握，也就賦予這兩個主題更為豐富、更為感性的內容。人的欲望是無窮的、矛盾的，又是相似的，三言兩語勾起人們的欲望，算命大體便成功了。

第四，在表達技巧上，她們總是把落腳點放在顧客一方。細細推敲一下她們的表達，不難發現這樣一個模式：「你將要……但你必須……」這裡包含著統一的兩方面：一是「客觀上」提供的條件；二是主觀要努力，「客觀」要通過主觀才能實現。這就把「皮球」一腳踢到了顧客一方：應驗了是我的功勞；沒應驗是你自己的不是，與我無關。

無論算命相術蘊涵著怎樣的機智，它終究還是一種騙人的行當。因此，大多數吉普賽人並不以此為炫耀的資本。在他們看來，算命有時僅僅是戲耍外族人，發洩憤恨的一種方式。在昔日的英國，吉普賽婦女也只是把算命當作上門推銷的附加活動，從來就不是「第一職業」。由此可見，吉普賽人的自省和自明。

相命：打開心房的鑰匙

　　吉普賽婦女的算命形式是多種多樣的。常見的看相術包括面相、手相、顱相等幾種。有時也借助於各色各樣的卜筮器具，如貝殼、水晶球、磁石、撲克牌、四腳蛇、蛤蟆等。吉普賽人相信，折光四射的水晶球和能吸引鐵器的磁石潛藏著神奇的魔力。在梅里美的小說《卡門》中，「我」隨著會算命的吉普賽女郎卡門走進她家，「她立即從櫥子裡拿出一副用得很舊的紙牌、一塊磁石、一條乾癟的四腳蛇和別的幾件器具。她吩咐我左手握著一個錢劃個十字，然後她就作法了。」

　　借助於法器的算命也常常和巫術結合在一起。一般情況下，占卜完畢，顧客心悸不已，於是占卜者繼續施法。報酬自然是加倍的。熟知吉普賽內情的梅里美指出：「她們不但抓著蛤蟆的腳，替你羈縻朝三暮四的男人心，或是用磁石的粉末使不愛你的人愛你；必要時還會運用法術，請魔鬼幫忙。」在土耳其伊斯坦堡，吉普賽婦女還為深殿後宮的女奴破譯夢囈。

　　美麗的吉普賽女巫生活在別人的輕信之中。雖然她們口若懸河、滿口玄虛，但她們自己卻不迷信，大多數人壓根兒不認為自己能預知未來，算命只是一個謀生的手段而已。還是梅里美一語中的：「利用別人的輕信過日子的人，怎麼自己還會迷信呢？」如果自身沈迷其間，那就是純粹的宗教或巫術。吉普賽人絕非這等不能自持的異教徒。他們的算命是一種理智的行為，一種智慧的操作過程，是維持生計的「飯碗」，而非純精神性的寄託或宣洩。

　　吉普賽婦女的算命術有一個基本法門：察言觀色。事實上，形形色色的占卜法歸根結柢只有一法：相面術。人類的表情是心靈的窗戶，心情和表情是內外溝通的，有時候我們自己

也不曾覺察，內心的祕密正通過臉部肌肉和眼神的細微變化傳揚出去。所謂「心事重重」，所謂「心花怒放」，實際上並不是對心的直接描繪，而是對臉的記錄。

長期以來，吉普賽婦女走街串巷，深入市井，在與外族人的生意往來中，她們完全熟悉了外族人的臉部語言。而占卜實踐又把這種特殊的能力錘煉到爐火純青的地步，並通過一代代人的傳遞和加工，使之成為吉普賽人賺錢的法寶。吉普賽婦女總是先亮出一個刺激性的話題，看顧客的臉部反應，然後步步推進，誘人入甕。所謂手紋、水晶球、磁石、撲克牌等，其實只是「噱頭」，目的在於製造氛圍，迷惑顧客。

據說，義大利撲克牌（共四十張，與目前流行的五十四張牌的撲克不同）是由吉普賽人帶進歐洲的。但也有人認為這是誤傳。無論如何，撲克牌至今仍是吉普賽婦女占卜的主要工具，羅姆語稱之為「塔羅」（Tarot）。吉普賽人對撲克牌排列組合所表現出的數字「魔力」非常著迷，她們告訴顧客這裡面包含命運定數的無窮奧妙。運用撲克牌算命在匈牙利等東歐國家的吉普賽人中間非常盛行，而在英國等地則相對少見。《英國的吉普賽人》的作者菲茨杰拉德曾於一九三三年在倫敦的老康普頓街遇到一個用撲克牌算命的老年婦女，並親自嘗試了一回。菲茨杰拉德的羅姆知識使他很快看破了這套把戲：「她其實並不完全理解牌面的涵義，而是依賴於觀察我的臉色來行事的。」究其根本，撲克算命實際上還是相面。

作家徐訏曾寫過一部小說《吉普賽的誘惑》。小說開篇便描寫了一位吉普賽女郎用撲克牌算命的情景：「一個濃睫大眼、俊俏美麗的女子用一副撲克牌為一個坐在她對面的衣服整齊的紳士算命。她看看牌，又看看對面紳士的臉部，用她微微的唇動在解剖他的命運。」可見，吉普賽人信奉的是「知人知

面便知心」。這位吉普賽女郎轉而又給「我」算命。結束之後，有一段對話非常精彩，擊中要害——

> 「不過我感到給東方人算命是一件難事。」
> 「為什麼？」
> 「因為東方人是不會表情的，你很難從東方人面上看到他內心的祕密。」
> 「你以為西方人容易嗎？」
> 「是的！尤其是法國人！他們話沒有說出一句，面部與動作已經代說了九句。我想異國人學不好法語，這是一個原因。比方剛才那位紳士就全身是動作與表情，所以很容易被人看出他的內心所想到的……」

　　吉普賽人的算命畢竟不完全是宗教迷信，其間也包含著諸多心理學的智慧火花。吉普賽人在技巧上講求「交流」，主要有兩種形式：一是語言交流，在對話中發現破綻與契機，從而探明真相；二是非語言交流，如表情、眼神、語氣、形體動作等，從中破解心靈的密碼。

　　算命純粹是一種賺錢的手段；更精確地說，是騙錢。機智的吉普賽女郎會變戲法似地讓你眼看著自個兒的錢包一點點癟下去，她的錢袋子一點點鼓起來。塞萬提斯筆下的普烈西奧莎會看手相，但事先她必須用顧客提供的金幣或銀幣在手掌上畫十字，還聲稱如果用銅幣，會影響運氣。當然算命完畢，金幣、銀幣也就一同「兜著走」了。

　　前面所述徐訏的小說也揭開了吉普賽人算命的一種常用計策：坐在吉普賽女郎面前要求算命的那位紳士其實是她的同伙，這是一對天衣無縫的「連襠模子」。讓我們再看看這位吉

普賽「紳士」的表演，實在令人歎為觀止：「那位紳士微胖，大概四十多歲吧！有副眼鏡架在鼻樑上，虔誠地聽著巫女的斷語。這些話兒居然支配了他，使他忽然悲哀，忽然歡喜，忽然驚奇，忽然大笑，忽然長歎。最後大概說到他太太的死去吧！他竟脫下眼鏡，拿出手帕，嗚嗚地哭起來了。」

　　吉普賽人一向驕傲地認為自己是一個「高智商」的民族。這種智力優越感使他們在冷漠的外族面前贏得了心理的平衡。有時吉普賽人甚至會利用外族人的輕信和冥頑，伺機作弄和報復。法國伏越山區的一個吉普賽女子曾經對大作家梅里美說：「外江佬蠢得要死，你哄騙他們也不能算本領。有一天，一個鄉下女人在街上叫我，我便走進她家裡。原來她的爐子冒煙，要我念咒作法。我先要了一大塊鹹肉，然後念念有詞地說了幾句羅馬尼❶，意思是：你是笨賊，生來是笨賊，死了也是笨賊……我走到門口，用十足地道的德文告訴她：要你的爐子不冒煙，最可靠的辦法是不生火……說完我拔起腳就跑。」

　　普烈西奧莎的吉普賽老奶奶也曾在塞維利亞愚弄過一個非常出名的製帽工匠特里吉約斯。她給這位發財心切的製帽人算命，宣稱他將要贏得一大筆財物。但夢想成真之前，他必須歷經「磨難」。她讓製帽人光著身子鑽進齊脖子深的一個大水缸裡，腦袋上帶著一頂柏樹枝做的冠冕；要求他等到半夜過後，鑽出水缸，開挖財寶。老奶奶信誓旦旦，財寶就在製帽人家裡的某個地方。據說，這個可愛的製帽人一聽到晨禱鐘響，就慌慌張張地爬出水缸，結果連人帶缸翻倒在地，不但身體被碎缸片劃破，而且潑得滿地是水，全身浸泡水中，嚇得直喊救命。家人把他抬回家後，他仍神志恍惚，命令全家老小連夜在家挖

---

❶　Romany，即羅姆語。

洞。若不是鄰居發現深挖洞已經動搖地基了，他不到房子坍塌是絕不會善罷甘休的。這則笑話迅速傳遍全城，成為家家戶戶的佐餐笑料。

惡作劇雖不可取，但是，吉普賽人在默默承受異族的欺凌之後，用這種羞辱對方的方式反抗，找回自我的尊嚴，我們不能不承認這是一種苦澀的智慧，一種生存的掙扎與自信。

吉普賽的預言者

吉普賽婦女的算命常常借助於詩體來表達。這種充滿韻律感的陳述在外族人的眼裡又憑添了幾分神祕。占卜女郎普烈西奧莎對議員太太娓娓道來——

美麗的太太，美麗的太太，你的雙手潔白如銀，
你丈夫愛你勝過阿爾布哈拉斯山谷的君王。
你是一隻性情溫和的鴿子，有時也會野性勃發，
像一頭奧蘭的母獅，或奧加納的猛虎。

然而轉瞬間，你的怒火就煙消雲散，
像一頭馴順的羔羊，變得那麼纖弱斯文。
當妒心發作時，你就鬥嘴爭吵，飲食不進。
議員喜愛拈花惹草，也不惜訴諸武力，棍棒加於你的身。

當你還是二八佳麗的時候，一個翩翩少年愛你如狂；
偏偏說媒的人從中作梗，致使有情人眷屬難成。
往年你若是當上修女，今天的修道院就受你管轄，

因為你天生賦有作為修道院長的才能。

我本不願對你講，可是說出來也無傷大雅：
你將成為寡婦，還要一而再，再而三地改嫁。
別哭泣，我的太太，我的太太，莫悲傷，
我們吉普賽女人說的不總是如意吉祥。

失去伴侶固然傷心，要是你死於議員的前頭，
那就一了百了，不再有任何悲哀，也不再做別人的遺孀。
你將立即繼承一筆可觀的遺產，
你還將有個兒子去當教士，但看不出屬於哪個教派。

不會是托萊多教派。你有個女兒，皮膚雪白頭髮金黃，
要是她當上修女，長大後也可能成為修道院院長。
如果四星期後，你丈夫倖免一死，
他將成為布爾戈斯或者薩拉曼卡的官長。

你這顆痣長得多美，啊，耶穌！它就像
照亮盡頭處黑暗山谷的皎潔的月亮和明媚的太陽！
不少盲人想要看一眼，付出了多少塊銀幣。
現在你在微笑，若總是這樣嫵媚優雅該有多好！

要提防失足摔跤，千萬別仰天摔倒地上；
對高貴的命婦來說，這往往是危險的徵兆。
還有幾件事奉告：星期五你若在此等待，
就將聽到使人高興，並摻有令人不快的消息。

細細推敲，這首占卜詩存在著幾處「小聰明」：（一）是奉承和愉悅顧客，使人逐漸放棄疑慮；（二）是先講事前已了解到的事實，如夫妻感情等，使顧客迅速心服，對於不甚了解的情況，則在後面點到則止；（三）是大談現實生活中共通的、必定存在的現象，如妒火中燒、少女戀情等；（四）是在說法上講求「模稜兩可」，如人的性情；（五）是盡情發揮一些虛無縹緲的問題，如詩中那些假設句；（六）是順應顧客的心理發展，先把好話說盡，再講災變，最後托出「忠告」；環環相扣，滴水不漏。

　　吉普賽婦女用於算命表述的語言是一種不同於平常的模糊性語言。這種模糊性令人聯想起某些原始土著的神祕預言家。

　　探險家曾經記述了拉普人、印第安人、祖魯人和毛里斯人存在著種種令人費解的預言能力，他們能夠預言將來發生的事，並且往往得到証實。今天仍時常有這種半真半假的報導見諸報端。這些報導有的純屬謠言，而有的卻是事實，科學無從解釋。有人認為這是人類自身未開掘出來的神祕力量，是「第六感官」，或者說「第二種視覺」。

　　在眾多關於吉普賽人的紀實報告中，我們也時不時地發現這些有趣的故事。菲茨杰拉德記載，吉普賽女首領尤蘭妮亞‧鮑斯威爾能預知危險和死亡。在一八九七年，她預言：「維多利亞女王在長眠地下之前還能看見四次秋葉飄零，繼位的國王將在我死後不久與世長辭；我們將目睹許多奇異的事物──人類能像鳥兒一樣飛上藍天，能坐在像魚兒一樣的船裡在水下潛游：人們將圍坐爐邊，傾聽一千哩外傳來的聲音和音樂，就好像它們是在同一間屋子裡發出。」

　　這如果不是編造的話，確實令人瞠目結舌。維多利亞女王死於一九〇一年；那些奇異的事物無非就是飛機、潛艇和收音

機了。不少調查報告都記載了吉普賽老婦西普頓的著名預言：「沒有馬的大車將奔馳在大街上／災難事故就將充滿世界／龐大的鐵器能在水上飄浮／像木船一樣輕巧。」顯然，西普頓指的是汽車和輪船。這裡排除所謂的「特異功能」不論，至少可以說，吉普賽人的想像力是異常豐富的。想像本身就是一種創造，把現實世界已有的事物分解、看破、重組、再造，這種想像是全新發明的前奏。

最後，再講兩個有案可查的離奇傳聞。前面提及的吉普賽老婦西普頓曾警告一位叫凡德比特的人不要加入「鐵達尼號」巨輪的處女航。凡德比特不信。四月，該船在首航中撞上冰山，凡德比特和另外一五〇二人全部喪生。影片《冰海沈船》便是這次海難的紀實。另外一位巴蕾特的吉普賽婦女預言了家裡的三椿喪事。在四月，她預言自己的兒子利維活不過明年二月，果然，利維在翌年二月二日葬於肯特郡的布羅姆雷。她還準確預言了包括弟媳婦的弟弟在內，不少親戚的死期。一九三三年她臨死前，還預言她的弟弟杰比將死於一九三六年三月，並且在一個周末說：「我將在三天後離開人世，那天是雨天，鳥兒在枝頭哀鳴。」她真的如期而歿，一隻痴鳥在雨中淒淒慘慘地叫了整整一天。

菲茨杰拉德曾讓尤蘭尼亞算過一卦，並且一一應驗了。他堅信「第二種視覺」的存在。作為一個熱衷於吉普賽民俗文化的學者，他無意於渲染神祕主義；同其他學者一樣，他對這些故事有聞必錄，目的無非是：吉普賽人是一個智慧的民族。

吉普賽人是小偷嗎？

多少世紀以來，在許多人的觀念中，吉普賽人彷彿是與小偷劃上等號的。吉普賽人究竟是不是行竊老手，一直是人們關心的話題，也是困擾各國司法執行部門的難題。毫無疑問，部分吉普賽人確實以盜竊為生，其實質與占卜、詐騙等行徑是一致的。但是，偷竊本身是與吉普賽人追求的強烈道德意識不相吻合的。於是，他們就炮製種種說法，用道德的口吻為不道德的行為鳴鑼開道，從而使偷竊「合法化」。這是吉普賽人的智謀之一。然而，這一系列手腳並不意味著吉普賽人在內心深處對偷竊存在著道德認同，他們是完全正視這一智謀的道德污點的。這種清醒的自省意識才是吉普賽人的真正智慧。

吉普賽人的偷竊名聲幾乎和他們自己同時跨入歐洲。有人說，吉普賽人是從印度一路偷到歐洲的，他們偷衣、偷食、偷財，還偷渡。此話雖誇張，但也有些根據。早在中世紀，吉普賽人剛剛進入歐洲，人們就把他們視為可疑的下賤人，與流浪漢、小偷列為同一伙人。

資料記載，十五世紀，法國東北部馬爾納河畔某個村莊來了一批吉普賽人；他們要求村民允許他們在該村過夜。這些法國農民如臨大敵，有人拿著長矛，有人拿著弓箭，不分男女老幼，蜂擁到村口，不准許他們進村子。原因是在此之前，曾來過一些吉普賽人，謊稱在村裡借宿，其實是大肆行竊。因此，村民認定：「吉普賽婦女和兒童善偷竊，經常神不知鬼不覺地偷走村民的金銀首飾、食品、家禽、家具以及一切可以偷走的東西，所以不受人歡迎。」實際上，這不僅僅是法國村夫野老的觀念，也是世界上許多人、包括研究吉普賽文化的學者們的偏見。

關於吉普賽人品行不端的傳聞在歐洲盛傳了幾個世紀，而且不斷添油加醋，越傳越離奇，以至於一些文學家也不加思索地附和。這樣彷彿達到了一種口誅筆伐的共識。西班牙文學大師塞萬提斯在小說《吉普賽姑娘》的起首就這樣描寫：「吉普賽人不論男女，似乎生到世上就是為了做賊。生養他們的父母是賊，和他們一起廝混長大的是賊，他們學的也是為了做賊，到末了理所當然就成為慣賊。偷竊欲望與偷竊行為成了他們形影不離的現象，到死都改不掉。」誠然，這種說法存在著以偏概全的偏頗之處，然而，歷史上，吉普賽人頻頻行竊卻也是事實。吉普賽人與外族關係惡化的部分原因正在於手腳不乾淨。有趣的是，吉普賽人在偷竊時的心態是心安理得的，他們並不因此而感到羞恥。是他們缺乏羞恥感嗎？並非如此。為了生存，他們有時不得不操持這一損人的行當；為了維持心理的平衡，他們又創造了一系列說法，自我彰目，自我安慰。

在匈牙利，流傳著這樣一個傳說：人間社會剛剛創立不久，神聖而萬能的上帝想把手藝分別傳授給世界各民族。他派聖彼得去找一個吉普賽人。那時，這個吉普賽人的老祖宗住在村邊一所簡陋的農舍裡。聖彼得遠道而來，一看他正躺在稻草上，轟著肚皮上的一隻蒼蠅。

「你在幹什麼，莫雷❷？」聖彼得問道。

「難道您自己沒看見？」老祖宗蠻橫無禮地回答：「我還能做什麼？又沒有分給我手藝，只好在這裡轟蒼蠅。」

「不是那麼回事！」聖彼得說：「你去見神聖而萬能的上帝，他會分給你手藝。你要這麼乾等著，難道主會自己找上門來把手藝送到你的鼻子跟前？」

---

❷ 吉普賽人的稱呼。

「那好！我現在還不太著急。」聰明的吉普賽人答道；「您請坐，老人家。非常抱歉，沒有什麼東西可以招待您的。不過我的妻子到村子裡討飯去了。等她回來，說不定會捎點什麼進門。她沒有回來前，反正我是不能離開家的。」

說是「討飯」，她究竟去幹什麼？吉普賽人洋洋自得地唱起小調，於是全露餡了——

　　咳，家裡不見了我的咪咪，
　　她喲，是去偷玉米！
　　她悄悄砍倒一根根莖桿，
　　不讓聲響走漏祕密。

聖彼得沒心思聽這些無聊曲子，卻不好意思打斷他。吉普賽人還在一個勁兒轟蒼蠅，肚子卻餓得咕咕直響。直到天明，才盼來妻子。可妻子兩手空空，一無所獲，顯然今晚只好餓肚子了。於是他就躺下睡大覺，這樣可以忘記飢餓。一覺醒來，二十四個小時又打發過去。「哎喲，差點給忘了，」他邊穿衣服邊說：「應該到天上去找上帝。說不定，會弄到一個合適的職業。去看看！那位至高無上神聖的上帝準給我保留了一個舒舒服服的位置。」

吉普賽人這才想起在門外守候的聖彼得，於是他們一起去見上帝。一見面，吉普賽人大吃一驚，沒想到萬能的主竟這樣答覆他：「我已經把手藝都分完了，把它們分給了每個人，什麼也沒給你剩下。可既然你來找我，我也不能讓你失業。你就把偷竊當作你的職業吧！你的妻子呢，就去算卦好了。再說，我已經聽說，你們從前幹的就是這些行當。」

這則傳說也許就是吉普賽人自己一手炮製的。隨著歲月的

流逝，世代相傳，想像也就成了事實。這樣，一方面，「吉普賽竊賊」在故事的敘述過程中獲得一種心理上的安全感和平衡感，彷彿古已有之，天經地義，不容動搖；另一方面，他們也為不誠實的行徑找到了依據和托辭。在敘述傳說的末尾，他們總忘不了補充一句：「我們被看作不誠實的人，人們戲弄我們，責罵我們，就因為我們不想違抗那位神聖而偉大的上帝的意志。」❸這彷彿是說盜賊和農夫、鐵匠沒什麼兩樣，只是分工不同而已。

　　吉普賽人認為，他們偷盜的品性和技能是上天賦予的，因此，他們泰然無事地拿走別人的錢包、首飾，牽走家畜。然而，按常理來講，除非道德淪喪者，盜竊別人的血汗是要遭到自我良心的懲罰的。為了逾越良心這一關口，使不道德的偷竊行為符合吉普賽人的獨特道德觀念，他們又另選了一種說法。

　　許多吉普賽首領宣稱，他們浪跡天涯，四海為家，因而也就廣有天下，不分你我。既然整個世界都是屬於我們的，那麼，占有別人的財物就沒有什麼不光彩的。根據這一思路，吉普賽人建立了特殊的道德評判體系：殺人劫財和姦淫是嚴禁的，而小偷小摸則是部落首領允許的，竊賊們也無需為此感到內疚和負罪。

　　吉普賽竊賊手藝高超，名聲在外。據說，在西班牙法倫西亞，吉普賽神偷興風作浪，晚上竟無人出門；否則除了路溝的鐵蓋和鐵欄杆之外，管保你口袋裡的東西全都會被吉普賽人磁鐵般的手指席捲一空。新加坡作家尤今也在捷克遭遇過魔術師般的吉普賽小偷。她向路邊遊蕩的吉普賽人兌換錢幣，一回頭

---

❸　季波爾‧巴爾托什：《吉普賽故事》，李桅、謝運根、只佩君譯，第八頁。

卻發現兜裡的錢包已不知去向。以後每有吉普賽人走近詢問「要不要換錢？」她便立刻下意識地把錢包抓得緊緊的，機械化地搖頭拒絕。

吉普賽人的行竊經過專門的內部培訓，經驗豐富的老手給生手上課，並且帶領他們上街實踐。由於行竊風險很大，因此，生手必須培訓出過硬的心理素質，具有冒險精神，所謂「不濕襪子是逮不著魚的。」每日行竊歸來，大家都要上交一定的份額，充作共同基金。

長久以來，人們對吉普賽人的形象存在著諸多誤解。比如，許多人認為吉普賽人專事盜竊嬰兒，其實這純粹是無稽之談。吉普賽人的行竊或是為了報復曾經戲弄他們的外族惡棍，或是為了填飽肚子，維持生計，並不是盲目地貪財。應當澄清的是，吉普賽人行竊並非出於邪惡的本性，完全是因為生活所迫。貧困的吉普賽人在一個追名逐利的社會裡是沒有立錐之地的，他們只能生活在外族的夾縫裡，從別人的嘴邊覓來食物；一旦正常途徑難以裹腹，就只好通過小偷小摸這樣一些極端性的非正常手段來維持生存。從更廣泛的意義來講，吉普賽人的生活方式也正是如此：將他人的生存智慧占為己有，去蕪存精，推陳出新，創造出自己獨特的生存智慧和境界。

儘管吉普賽人嬋精竭慮，力圖給偷盜行為披上合法化的道德偽裝，然而在內心深處，他們仍然視盜竊為一種莫大的罪孽。比如在吉普賽人中間，偷竊同伴的財物是要遭到嚴懲的。吉普賽人充分認識到這一智謀所存在的惡之傾向。有這樣一支流傳甚廣的歌謠——

　　主啊，坑誰罰誰，一切全是你的主意：
　　你懲罰得我夠苦的了，我的公正的上帝。

人們都喊：給錢吧！可我卻是囊空如洗。

我的誠實一點不比人少，要是口袋裡裝著一大堆金幣！

這首歌謠觸及了「誠實」這一道德主題，說明吉普賽人中間仍然存在著道德和良心的標尺。看破智謀，超越智謀，這本身是一種更高境界的智慧。

吉普賽詐騙術

法國著名畫家鐵尼爾斯筆下的吉普賽人形象給後人留下了深刻的印象：一位吉普賽婦女拉著一位顧客的手看手相，旁邊一個吉普賽小孩已經悄悄地把手伸進問卜顧客的口袋。算命是假，謀財是真。這幅畫如此直觀地告訴我們：在這裡，算命其實是一個障眼術，是一個騙取別人輕信的智謀。

吉普賽人算命的意義無非兩條：一是直接行騙賺錢；二是算命僅為「噱頭」和前奏，背後還隱藏著不可告人的目的。兩者統一於一個基本點：金錢。在梅里美的小說《卡門》中，吉普賽女郎卡門把「我」引入家中算命，其實是想謀財害命，但沒想到「我」曾是殺手唐·若瑟的救命恩人。前面提到的鐵尼爾斯所描繪的圖景是可信的，菲茨杰拉德也有過這樣的遭遇，不過他那唾手可得的錢包裡除了一些紙片，沒有任何值錢的玩意兒。史料記載，吉普賽人在巴黎初次露面，就顯示了這方面的「才華」。吉普賽婦女為好奇好客的巴黎市民看相，她們對問卜的丈夫講：「你妻子在欺騙你。」一會兒又對妻子講：「你丈夫在欺騙你。」當這些丈夫、妻子被攪和得迷迷糊糊時，他們的錢包也不翼而飛了。

許多野史收集者都記載了一件發生於一九三三年英國卡迪夫的經典掌故：一位名叫喬伯·斯蒂利歐的吉普賽人在小酒店裡結識了一名過路的商人，對他大侃吉凶貧富等刺激性話題，以致狡滑的商人居然佩服得五體投地，乖乖地交出放有三十六英鎊的錢包，請這位「誠實」的吉普賽「知音」代為保管一會兒。算命完畢，商人親眼看著吉普賽人把錢一五一十地點還給他，然後大搖大擺離去，再回過頭來數錢，怎麼數都只剩下十七英鎊了。

　　在吉普賽人看來，算命當藉口，竊取顧客的錢包只是雕蟲小技中的小菜一碟，真正能體現智謀的是「詐騙」，羅姆語稱之為hokanobaro。「詐騙」的具體操作變幻無窮，但是歸結起來只有一條：信用詐騙。吉普賽人靠騙取人們的信任來達到攫取錢財的目的。詐騙的程序也許只能意會，不能言傳，一旦筆錄下來，智商平平的人也會認為不足為奇，不相信會有人心甘情願地上鉤。然而，正是許多自認為智商頗高的人往往容易受騙。在生意場上慣於蒙騙對手，一念之差卻栽在吉普賽算命女巫手裡，這樣的例子並不鮮見。有一點至少可以肯定，文字表達的詐騙術大多忽略了某些至關重要的細節，比如神祕莫測的占卜工具、吉普賽女郎充滿魅力的古怪眼神、催眠般或者煽情性的語氣嗓音、對心理產生極大震懾力的環境以及這些因素共同形成的一種蠱惑人心的氛圍。製造這種氛圍是吉普賽人的智謀之一。

　　先讓我們看一下吉普賽詐騙術的操作程序：第一步是製造氣氛，進入顧客的居室或者其他足以令他能夠吐露隱私、產生信任感的場所。這一步驟可以通過算命來達到，或者借助於兜售廉價商品或乞討。第二步是用花言巧語促使顧客主動交出財物，並且以某種名義占為己有。第三步是迫使顧客發誓數周之

內不准提及這件事。這些程序看似簡單，其實卻是一個環環相扣的智謀鏈。顧客套上第一環，就逃不了第二環，直至最後被完全套牢。吉普賽人心如明鏡，洞若觀火，而異族顧客卻神魂顛倒，如墜雲霧。這種心理的絕對優勢常常令狡黠的吉普賽人心中充滿快感。這裡有記載兩個詐騙故事。

　　一八九〇年的趣聞發生在英國。一位吉普賽婦女給一個家庭主婦算命，一本正經地宣稱她家的地底下會出現一筆橫財。愛財如命的主婦連忙把吉普賽女巫請至家中察看。女巫環顧四周，發覺這是一家「大戶」，於是便開始壓低嗓門胡謅開來：「親愛的太太，您想要得到那筆財寶，就必須先把另一筆財寶埋在地窖裡。因為您知道財寶是*互相吸引的*，埋金子就能引出金子，埋銀子就能引出銀子。我親愛的太太，如果您把所有的錢放在一個手絹包裡，埋在地下，您就會得到雙倍財富。那個斯奎爾太太不就是這樣嗎？您也許認得齊法羅太太吧！她不是從地裡掘出了兩百個金幣嗎？但是，她只給了我一個金幣作為報酬！我真希望您能多施捨些給我們這些可憐的吉普賽人，噢，我親愛的太太！」

　　天真的主婦信以為真，趕緊從箱底取出金銀手飾，連同金幣、銀餐具一起，裝進袋子，帶著吉普賽人來到地窖。吉普賽女巫吩咐關上地窖蓋子，點上燭火，把財寶袋埋入土層，然後佇立一旁，喃喃地念起誰也聽不懂的咒語。這有節奏的念咒伴隨著轟鳴的回聲和搖曳的燭火，使整個地窖籠罩在一片神祕恐怖的氣氛之中，那位主婦直嚇得不敢喘氣。

　　第二天，吉普賽女巫又再次光臨，繼續作法。但這一回她的披風裡藏著一個與地下的財寶袋一模一樣的布袋。她挖開土層，假裝察看財寶的發育狀況，趁人不備，迅速調包，然後又煞有介事地念咒。臨行前，嚴肅地警告主婦三周之內嚴禁觸

摸、察看或談論這個財寶袋：「親愛的太太，如果您膽敢談論這個財寶袋，那麼，您每說一個字，就會有一個閃亮的金幣消失。」

她還會引用聖經上的某段語錄，要求主婦發誓保証上二個星期後，當倒楣的主婦在地窖裡痛哭她的祖傳鑽石、結婚戒指、名貴項鍊，一切的一切統統變成一只乾癟的口袋時，吉普賽人的大篷車隊早已消失得無影無蹤。

另一則一八六三年的故事發生於德國，主角是一位吉普賽男子。他先尋找行騙對象，結果看中一個老是喜歡自作聰明的小老板。但他不急於下手，而是通過各種途徑打聽這個小老板的底細、嗜好和生活規律。趁有一天，小老板的家人和伙計都外出進貨，他大膽地闖進小老板的家，先是算命，把他了解來的背景材料如數家珍地道來，直講得小老板目瞪口呆，然後忽然壓低嗓門，湊到他的耳邊說：「你就要交好運了，馬上就可以得到一大筆錢！可話說在前頭，錢是我替你搞來的，你要分我一半！」

貪心的小老板一聽後半截話，有點冒火，但又不願罷休，於是兩人開始討價還價，最後說定吉普賽人拿四分之一。為了進一步麻醉小老板，吉普賽人又開始耍「魔術」，証明他的法力。他讓小老板取來一只雞蛋，在桌沿敲碎，就在小老板的眼皮底下做起手腳，居然從蛋黃裡取出一塊骨頭。

看完這「雞蛋裡挑骨頭」的把戲，小老板全傻了，對吉普賽人言聽計從，唯唯諾諾。這時，吉普賽人吩咐他把家裡所有的金銀珠寶、現鈔統統裝進一個布袋，用手攥緊，說是為了招財納寶。接著，他和小老板一起走進臥室，拉上窗簾，讓小老板躺在床上，把財寶袋壓在枕頭底下，閉上眼睛。他開始念咒，並迅速從懷裡掏出一個裝滿石子的相似口袋，假裝施法，

幫助小老板翻個身子，在黑暗中悄悄調包。三、五分鐘後，他停止念咒，警告小老板：「從現在起，你不准說話，不准睜眼，也不准動彈，除非我允許，否則你將前功盡棄！我現在要在門外作法，一會兒進來。」吉普賽人懷揣著財寶，一腳跨出大門，便逃之夭夭。

吉普賽人的詐騙術總是不離兩大主題：金錢和愛情，用作誘餌，屢試不爽。

法國作家梅里美提供了一個「愛情故事」：

有一天，一個西班牙女子在阿加拉街上走，心事重重，非常悲傷：一個蹲在階沿上的波希米（吉普賽人的另一稱呼）女人招呼她說：「喂，美麗的太太！您的情人準是把您騙了。要不要我替您把他拉回來？」不消說，聽的人欣然接受了。一眼之間猜到你心事的人，你怎麼會對她不信任呢？在馬德里最熱鬧的一條街上，當然不能興妖作法；她們便約定了下一天。到時，奚太那（西班牙語對吉普賽女子的稱呼）說：「要把您那不老實的情人拉回來真是太容易了。他可送給您什麼手帕、圍巾或是面紗嗎？」人家給了她一塊包頭巾，她就說：「現在您用暗紅絲線在布的一角縫上一塊銀洋，另外一角縫半塊錢；這兒縫一個角子，那兒縫兩個五分的。最後，在布的中央縫上一塊金洋，最好是一枚兩塊錢的。」那位太太一一照辦了。「您把這包頭布給我，我要在半夜十二點整送往公墓。倘若您想瞧瞧奇妙的妖法，不妨跟我一塊兒去。我包您明天就能看到情人。」後來，波希米女人獨自上公墓去了，那太太怕魔鬼，不敢奉陪。至於可憐的棄婦結果是否能收回她的頭巾，再見她的情人，只有天曉得了。❹

---

❹　梅里美：《嘉爾曼》，傅雷譯，第七十六頁。

吉普賽人充分了解外族人的心理；在他們看來，外族人貪婪，而且又死要面子，上當受騙之後，還不願聲張，不肯承認自己愚蠢。吉普賽人正是利用外族人容易輕信而虛偽的心理特點，屢屢得手。

　　詐騙固然是違法行為，但是，吉普賽人卻不這樣看。他們有自己的法的觀念，不承認異族的「法」。同時，他們對金錢也有獨特的態度。這就使詐騙擁有了一種「合法化」的理論依據。暫且不論違法與否的問題，在這裡，吉普賽人的智謀是許多外族人親自體驗，心悅誠服的。外族人在詛咒吉普賽人的同時，卻不得不承認這是一個智慧的民族。

巫醫：坑蒙拐騙的智慧

　　與占卜相命類似，具有欺騙性的謀利手段是巫醫。這類巫醫通常是由吉普賽婦女充當的。在外族的腦海裡，吉普賽婦女擅長占卜，又精通醫藥。於是，摸透外族心理的吉普賽婦女就把這兩項賺錢方式綜合起來，創造了巫醫行當。

　　巫醫治病的基本特點是「無害無益」。只要病人苟活著，就必然財源滾滾；至於是否有療效，吉普賽人自會尋找變化多端的遁辭。比如，吉普賽巫醫認為，治療疣這種皮膚病的最佳方法是，抓一隻體型較大的黑蛞蝓（一種粘性的軟體蟲），把它刺穿在多刺的灌木叢上。伴隨著蛞蝓死期的臨近，病人手腳上的疣會逐漸萎縮；而當它死去時，疣也會自行脫落。這種療法沒有任何醫學根據，只是吉普賽人的「合理」聯想。誰都知道疣外表看起來遍布肉刺，恰似灌木叢。另外，吉普賽巫醫還常用絲綢袋裝一隻活蜘蛛，掛在熱病患者的脖子上。據說，蜘

蛛一死，熱病也就痊癒了。這些療法聽起來就好比天方夜譚。

其實，吉普賽巫醫是徒有巫術的形式，而毫無神祕主義的實質內容。一切都是以經濟利益為導向的，如何能把錢賺到手，就如何設計圈套。

在俄羅斯，栗子被推崇為萬能的神藥，老年巫醫用栗子往病人身上擦，據說每日擦三次，可以「包治百病」，內外科全「有效」。在德國，吉普賽巫醫診斷時，往往裝模作樣地從口袋裡摸出一把栗子，任選一顆剝開，看看栗子是否有黑心，如果有黑心，就是病魔纏身。但有趣的是，幾乎回回都能發現黑心。原來這種栗子是特製的，是被吉普賽人事先用燒紅的針小心刺過，栗子心已被烤焦。當然，既然黑心栗子証明病邪附體，那麼就該收第一筆診斷費。這種診斷其實壓根兒談不上巫術。說雅一點兒，是用智謀賺錢；說俗一點兒，純粹是黑著良心矇人。

巫醫的治療方法有兩種：一種是給病人草藥和符水，這多少還有點治病救人的味道；另一種是驅魔鎮鬼，這就完全是耍小聰明詐錢了。

這種巫醫作法的場面是很滑稽的。先是由巫醫招鬼，病人和全體家屬不准離開屋子。這時只聽巫醫念念有詞，斷喝一聲：「鬼來了！」於是，屋外剎那間傳來各種稀奇古怪的響聲，如各種家畜被鬼驚動而奔走嘶鳴的聲音、屋頂石子滾動聲、窗戶和大門被搖動而發生的咯咯響聲等等。全家老小都嚇得膽顫心驚，呆若木雞。其實，這些聲響全是吉普賽巫醫的同伙在屋外製造的。鬼既然已應邀而來，接著就要用法術驅除它。巫醫在室內來回踱步，念起咒語。室外的聲音漸漸平靜下來，最後一切恢復正常。巫醫宣布鬼已驅逐，病人不日就會康復。家屬哆哆嗦嗦地拿出酬金，吉普賽巫醫提起錢袋，就和伙

伴們會合去了。

　　吉普賽巫醫發明了不少奇特的療法。例如，把艾菊放在靴子裡，經常穿著可以防止熱病；把一枝金雀花放在內衣口袋裡，可以預防發燒；隨身攜帶一張蛙皮或鰻魚皮，可以預防風濕病等等。這些方法的療效無從查考，但是，吉普賽巫醫在這裡也提出了幾種具有一定科學性的治療手段，比如藥性鞋墊、藥性衣物、藥枕等，這些經臨床應用都是行之有效的。可見，吉普賽巫醫的騙術裡也仍然隱藏著星星點點的真知。在土耳其的伊斯坦堡，吉普賽巫醫常常被名門望族喚入內室，為女眷治療眼疾，頗受信賴。但是，無論怎樣，從本質上講，吉普賽巫醫仍是一種藉智謀獲利的非正統職業，是吉普賽人出色智慧和才能的負效應。

毒藥：祖傳祕方與惡作劇

　　毒藥，這個足以令人生發無窮聯想的名詞，數百年來一直吸引著吉普賽這個愛好想像的民族。吉普賽人精於草藥知識，必然熟悉各種各樣有毒的植物及其功效。長期以來，吉普賽人在毒藥方面的豐富知識一直是民俗學家和毒物學家關注的焦點。這片詭譎的智慧寶地一直是吉普賽人隱藏最深的醫學王牌，而且其智慧輻射力遠遠超出了治病救人，已經成為一種謀生的工具。

　　古代醫學似乎總是與人們對毒藥的研究糾纏在一起的。古代中國、埃及和阿拉伯的醫學家都通曉多種毒藥，中醫還有「以毒攻毒」的對抗性療法。中世紀的歐洲修道士也保存著不少鮮為人知的毒藥祕方。既然所謂的良藥是能挽救生命的，那

麼，人們就會自然而然地聯想到它的反面，那些足以置人於死地的毒藥。在浩瀚文明的長河之中，這個散發著寒光與死氣的角色導演了不知多少令人喟然長嘆的歷史悲喜劇。

一八二五年，熱衷於探索吉普賽奧祕的英國傳教士保羅在部落中被人下毒，雖然最終倖免於死，但卻親身體驗了吉普賽毒藥的厲害。

當時，一位名叫荷恩的吉普賽老年婦女非常憎恨這個斗膽闖入部落的外來者，她給保羅吃了一塊下了毒的餅，神氣活現的英國傳教士就給放倒了。

在英國鄉間，吉普賽人認為含有毒素的草藥包括：藏紅花、白葉蘆，烏頭、毛地黃、天仙子、毒芹、五葉水毒芹、南蛇藤、漿果紫杉、土豆芽、金鏈花、歐芹、致命的茄屬植物、形形色色的真菌等等。這些毒草藥基本上屬於麻醉劑，中毒之後的第一個症狀是嘔吐，並伴有腹內疼痛；隨後神志喪失，嚴重的還會致死。

羅姆語稱毒藥為drab。在他們的藥典裡，最毒的草藥是一種真菌，俗稱「紅帽瘤」。吉普賽人把這種蘑話狀的真菌毒物曬乾，然後研磨成黃褐色粉末，放在銀製的菸盒裡，隨身攜帶，把它視為一種極其稀有的財富。在有的吉普賽部落，人們並不真正使用這些毒藥，而是把它作為代代相繼的祖傳寶貝，甚至當成辟邪興邦的法寶。據吉普賽人講，這種毒粉溶於溫水，飲用後會嚴重損傷咽喉的黏膜，像患肺疾一樣劇烈咳嗽，以至咳血，兩、三周以後便一命嗚呼。他們還強調，人死之後，毒素即在體內自行消失，根本檢驗不出來。這無疑是一個頗具實用價值的特點。

吉普賽人的毒藥具有極為特殊的用途。治病自然是一個方面，更重要的是獵食。吉普賽人是一個追求實用的民族，他們

歷來學以致用，不會讓一丁點兒知識束之高閣。在過去相當漫長的歲月裡，狡猾的吉普賽人常常用毒藥毒死農人餵養的家畜，然後討來被丟棄的畜肉食用。當然，吉普賽人還有其他騙飯的絕招。例如，十九世紀早期，一些居住在英國的吉普賽人經常偷偷地把羊毛團塞入羊羔的嘴裡，令其窒息而死，然後向牧人討來死羊食用，答應歸還羊皮。這一手法後來失傳了。又如，趁人不備，迅速擰斷羊羔的脖子，把它的腦袋擱在柵欄的空檔中，製造意外死亡的假象。然而，最常用的「偷獵法」還是毒殺。

用於毒殺家畜的毒藥主要有毛地黃、芥子、烏頭等幾種。吉普賽人把毛地黃的葉子放在水裡煮，製成毒汁，或者把有毒的芥末放在土豆裡；有時也將麵包中間挖空，撒上芥末，和上稀泥，隨手扔在豬圈裡。豬兒們一頓咀嚼之後，馬上被麻翻在地。吉普賽人還慣用烏頭和金鏈花種籽來毒死肥雞。

吉普賽人不僅用草藥下毒，有時還從藥鋪裡購買礦物毒藥，如碳酸鋇等，用以獵食家畜。英國南部鄉村的吉普賽人常用耗子藥毒殺豬、羊。吉普賽人對各種毒藥的性能了如指掌，劇毒藥是棄而不用的，因為毒性會深入肌肉，以至於使人無法食用。多數毒草藥屬於麻醉性的，導致家畜中樞神經短時間衰竭，也就是「假死」，因此，盡可安全食用。而礦物性毒藥則不同，內臟及血液均遭污染，因而這些部分會被拋棄，家畜的頭部也會剁去，只留下肌肉。同時，吉普賽人對肉的色彩變化相當敏感，一旦發現異常，立即採取消毒處理。

流浪於愛爾蘭等地的「汀克」匠人也喜歡用毒藥獵食，但他們的注意力僅限於家禽。他們把紫杉的漿果碾碎，取出有毒的果仁，混在穀物中餵雞。但他們的彼倆並不能每每奏效，因鳥那些挑食的萊亨雞常常對漿果仁置之不理。「汀克」匠人在

毒藥方面的知識和應用技能遠遠遜色於吉普賽人。

　　吉普賽人的這些「雕蟲小技」會讓人聯想起孩子們的「惡作劇」。在某種意義上，吉普賽是一個充滿「童趣」的民族，儘管存在著不道德，但卻機敏而富於想像力。

Chapter 10
悲歌與戀曲

陽光下的罪惡

　　吉普賽人的經歷是一部悲慘史。他們有史以來，幾乎在全世界都是被拒諸門外的少數民族。尤其是歐洲的吉普賽人，歧視、驅逐、迫害、屠戮一直追逐著他們。然而，他們從未向任何邪惡的壓迫力量屈服過。忍耐是吉普賽人生存的法寶，堅強是吉普賽人偉大的品格。苦難的歷史凝聚著他們的血和淚，也燃燒著他們生活的渴望。

　　遠至十五世紀初，吉普賽人剛剛踏上歐洲大地不久，人們就逐漸把他們當作一群靠偷靠騙、擅長妖術的烏合之眾。隨著時間的推移，人們的偏見非但沒有減少，反而變本加厲，愈演愈烈。世界上找不出第二個民族像吉普賽人這樣在歷史上無論何時何地、自始至終地遭到迫害。這樣無休無止的種族迫害，一個重要原因是非吉普賽人世代相襲的誤解和敵視。

　　一九〇七年十月，在法國國會的辯論中，一位議員打斷另一位議員的發言，問道：「你根據什麼來判斷誰是吉普賽

人？」回答是：「這些人沒有職業和國籍，因此也沒有家，不知道他們從何而來。聽說他們好像來自波希米亞、羅馬尼亞、保加利亞那些地方，也有可能來自中歐和東南歐洲。對於這些是非人物，我們希望不要惹上麻煩，保住自己。這些人做的是鑄造匠、編竹工和馬販子一類我們所不了解的行當。他們從老遠的地方來，安的是什麼心？這是極為明顯的事！由於他們的強盜、小偷和行乞行徑，使我們的村民常常受到騷擾。這也是他們得不到任何人同情的原因。其所以要把他們置於保護之下，不論是基於應付當前的暴亂或將來的報復，那都是為了他們所製造的恐怖。」

這是一個充滿侮辱性的、極其荒誕的定義，但它卻一度是一個帶有普遍性的看法。隨著歐洲民族國家的出現，大國沙文主義者和大民族主義者極端強調本國的民族統一性，對少數民族殘酷鎮壓和排斥。這對本來已經受盡折磨的吉普賽人來說，無疑是雪上加霜。從十五世紀後半葉起，各國開始對吉普賽人採取全面的高壓政策，通過立法的途徑，迫使吉普賽人的生存成為「非法」，而使他們的掠奪和濫殺成為「合法」。

最早反對吉普賽人的法令是瑞士中部的盧塞恩市議會於一四七一年制定的，該法令禁止吉普賽人在其聯邦領土內逗留。一四九九年，西班牙皇帝費爾南多‧達拉果納頒布了著名的《梅第納土地實用規則》，明文規定，吉普賽人必須擁有固定的住所，限兩個月內定居市鎮或鄉村，否則將受到鞭笞懲罰，男子一百下，女子五十下。此後仍然不肯定居者，將割去雙耳，驅逐出境。對吉普賽人實施的血腥鎮壓開始了。到十六世紀，幾乎所有的歐洲國家都頒布了同樣的法令，如葡萄牙在一五二六年，荷蘭在一五三七年，那瓦拉王國在一五三八年，威尼斯在一五三八年，米蘭在一五六八年。這些法令剝奪了吉普

賽人生存的基本權利，目的無非是同化和抹殺這個多災多難的民族。

《梅第納土地實用規則》實施以後，西班牙的吉普賽人紛紛遷移。一五六○年，不甘屈辱的吉普賽人成群結隊地離開西班牙，另謀生路，途中恰遇費利佩二世與法蘭西伊莎貝爾公主聯姻，吉普賽人激情奔放的歌舞，成為國王婚慶大典中最熱鬧壯觀的一幕。國王心血來潮，一道聖旨，恩准吉普賽人在谷地居住。然而，好景不長，到了費利佩三世，吉普賽人又被勒令於六個月內離開西班牙，否則處以死刑。吉普賽人被迫重新踏上漂泊的旅程。一七四五年，西班牙官方又明文宣布，對國內流浪的吉普賽人一律處以死刑。

四十年後，政府雖然又頒布了新法令，規定吉普賽人同西班牙人擁有同等權利，但實際上，平均五個吉普賽人中，只有一人擁有固定的職業和住所。吉普賽人還要「對引起其他人生病的骯髒環境負責，要對偷盜和襲擊現象負責。」這是極其片面和荒唐的。然而，更為荒唐和殘忍的是，一些西班牙的民族激進主義分子還把說羅姆語的人割去舌頭。

法國於一五○四年開始下逐客令。一五三九年，弗朗索瓦一世頒布全國性法令，驅逐吉普賽人。一五六一年，沙洛爾九世變本加厲，奧爾良議會提出用「火和劍」消滅吉普賽人。法王路易十三和路易十四都曾下令驅逐吉普賽人，並規定如有膽敢違抗者，一律格殺勿論。

英國對吉普賽人的迫害面更為廣泛，不僅限於從國外流落到英國的吉普賽人，而且對那些因生活所迫而加入吉普賽部落的外族人和同情吉普賽人的英國人都不放過。一五五四年，英國女王瑪麗宣布吉普賽人為非法居民，因為他們「從事邪惡可憎的活動」，並勒令他們在四十天內離境。一五九六年的英國

歷史資料記載，當時流浪英國約克公爵領地的一個吉普賽人集團共有一百七十八人，其中部分是「正宗」的吉普賽人，另一部分原是英國城鄉的無業遊民。英國政府以莫須有的罪名將這個集團的全體成員逮捕，投入死牢；將其中一〇六名成年的吉普賽人交付審判，宣布一律處以死刑。在這些人中，撫養子女較少、出生於國外、為首的九個人被押赴刑場，立即執行，其餘九十七名「罪犯」和家屬痛不欲生，要求當局將他們一齊處死，場面慘烈，令人目不忍睹。後經政府特准，這些吉普賽人才倖免於難，但必須在八個月內離開英國，途中不得在任何地點逗留一日一夜。十六世紀，英國還有一項法令：無論是誰，只要他向吉普賽人伸出友誼之手，或有過往來，都可以判以極刑；不經法庭審判，就可以查抄家產，沒收土地，立即處死。

在匈牙利等地，吉普賽人起初受到官方的保護和民眾的同情。一四二三年，匈牙利和波希米亞國王吉基遜德曾頒布詔書，保護吉普賽人。但到十八世紀，為了把吉普賽人納入匈牙利社會的「正常」生活軌道，官方一反常態。一七六一年，匈牙利和波希米亞女皇敕令吉普賽人必須定居。此外，政府還經常無故逮捕吉普賽人，嚴刑逼供。一七八二年，匈牙利當局以吃人肉的風俗習慣為藉口，一次就殺死了四十五名吉普賽人。為了掩蓋罪行，匈牙利國王約瑟夫下令成立專門「委員會」，發表「証詞」，但實際上，這些吉普賽人全部死於無辜。在捷克及其鄰近地區，當局曾豎起鐵皮標誌，上面畫著絞型架以及鞭打、處決吉普賽人的畫面，以警告：「吉普賽人若膽敢入境，將落得如此下場。」在東歐的某些國家，殘暴的地方當局甚至給吉普賽婦女強行做絕育手術，使她們無法生孩子。

德國各地政府嚴禁吉普賽人進入本地區，一旦違令，輕則割耳，重則斬首；甚至到處張貼吉普賽人的畫像，全民皆兵，

如有發現，火速報告。一七二五年，普魯士國王弗雷德里克‧威廉一世竟下令對年滿十八歲的吉普賽人，不分男女，一律處以絞刑。

此外，各國政府在採取消滅和同化政策的同時，還採用另外一些殘酷剝削的政策。英國曾把吉普賽人強迫送到蘇格蘭煤礦去採煤。在羅馬尼亞，五十萬名吉普賽人淪為奴隸，被強迫在奴隸主的莊園進行耕作或從事苦力；直至十九世紀中葉，才獲得解放。英國、法國、西班牙等國在殖民運動中，也曾大批流放吉普賽人。

吉普賽人生存的人文環境是極其險惡的，歧視和虐殺無數次將這個智慧的民族逼向死亡的角落。外族往往打著民族統一和純潔的幌子，剝奪吉普賽民族統一和獨立的權利。在道德的旗號下，罪惡愈演愈烈。然而，面對慘絕人寰的迫害，吉普賽人更為團結，更為堅強。在敵我力量絕對懸殊的生存較量中，面對面的硬性交鋒是不明智的，忍耐和堅持是最頑強的抗爭，終將贏得最後的勝利。

吉普賽人講求「韌」性的戰鬥，他們對苦難和壓迫的承受能力是舉世罕見的。也正是因為這種「韌」的智慧，吉普賽人數百年來儘管屢屢瀕臨種族毀滅，但始終沒有熄滅民族的最後一束生命火花；而風暴過後，這束飄搖的火花又燎原成滿世界的希望。

吉普賽的明天

近百年來，吉普賽人的生活環境並沒有實質性的轉變。雖然人權問題日益受到人們的關注，但是，像吉普賽人這樣沒有

家園、沒有土地，浪跡全球的特殊民族的問題卻普遍被忽略和遺忘了。吉普賽人和其他民族的文化距離也越拉越遠。

作為一個充滿生活渴望的民族，吉普賽人絕不會甘願為時代和社會所拋棄。戰後，隨著吉普賽人民族意識和自主意識的日益覺醒，他們開始有組織地為改變和掌握自己的命運而吶喊、抗爭、奮鬥。一些有識之士也為此大聲疾呼。比如，瑞典議員丹尼爾·維克魯德在斯特拉斯堡社會與保健問題委員會上曾說：「吉普賽人經常遭到歧視，這個事實使他們在許多方面的處境更加惡化了。這完全不符合歐洲人權會議的基本思想和聯合國通過的人權宣言精神。這種相當明顯、應當受到譴責的歧視，阻礙了吉普賽人的發展。因此，採取必要的措施來結束這種歧視是當務之急。」❶

吉普賽人在近、現代所遭受的迫害是空前的。第二次世界大戰，吉普賽人與猶太人一樣遭到德國法西斯的血腥屠殺。據統計，慘遭納粹毒手的吉普賽人至少在五十萬以上。戰後，雖然吉普賽人的生活條件已有所改善，但是，種族偏見仍然殘存在社會的各個層面。在法國，一九六九年一月三日，政府頒布了一項法令：吉普賽人外出必須攜帶「通行証」，以便警察當局隨時進行檢查。法國政府沒有對任何民族集團的國內遷徙作出具體限制，唯獨對吉普賽人制定了一系列歧視性限制。該法令第七條規定：流浪的吉普賽人歸屬於哪個行政區管理，應由地方行政長官決定，而不是由他們自己作主。英國也針對吉普賽人的流浪習俗，在一九五九年作出規定：「凡未經法律許可或寬宥而在公路上宿營者，便是犯法。」一九七四年三月，法

---

❶ 丹尼爾·維克魯德：《歐洲委員會關於各成員國內吉普賽人地位的報告》。斯特拉斯堡，一九六九年。

國赫爾德市發生了一幕醜聞，報界大肆張揚。在該市市議會所在地發現一個有十個孩子的吉普賽家庭，市長親自簽署命令：「為社會治安負責」，政府派人用推土機將這家簡陋的木屋推倒，放火燒毀，然後命令主人將全部牲畜和家禽殺掉，並將全家逐出該地。各國政府法令的著眼點是迫使吉普賽人放棄流浪的習俗，歸化成本國民族。這對長期過著遊蕩生活的吉普賽人來說，顯然是難以忍受的。難怪吉普賽傳教士馬克西莫斯把生活在東歐國家的吉普賽人比作籠子裡的小鳥。

近幾年，吉普賽人的母國印度的政府開始對他們的命運表示關注。一九七四年六月，印度議會發言人Ｇ‧Ｓ‧迪隆說：「歐洲吉普賽人來源於印度的旁遮普。」印度前總理英迪拉‧甘地夫人也多次表達了同情和關切。然而，吉普賽人畢竟已經離鄉多年，他們的鄉土觀念是極其淡薄的，加上印度政府其實對吉普賽人的生活現狀是鞭長莫及的，因此，要贏得民族的自尊和自強，還得靠吉普賽人自己。

從六〇年代起，一些歐洲國家相繼成立了吉普賽人自己的組織。東歐的羅姆人社會和文化協會已初具規模。一九六五年，羅姆人國際委員會正式成立，法國、英國、芬蘭、希臘、原捷克斯洛伐克、南斯拉夫等國的協會都是這個國際委員會的成員。一九六七年五月十五日，由西班牙加泰羅尼亞地區的萊里達省吉普賽人文化協會組織的吉普賽人世界代表大會召開，來自前蘇聯、墨西哥、法國、原西德、南斯拉夫、英國、印度、委內瑞拉、瑞士、瑞典、匈牙利、葡萄牙、義大利和西班牙十四個國家的五百多名代表參加了會議。代表們就「國際社會中的吉普賽人」、「吉普賽人與宗教的關係」、「吉普賽人的傳統文化」、「吉普賽協會目前的作用」等問題進行了討論。一九七一年四月，第一屆羅姆人代表大會於倫敦召開，大

會強調要「締造一個符合我們生活方式和信仰的未來」，並專門成立了一個審查戰爭罪行的委員會，向原西德提出賠償二戰損失的要求，但最終遭到拒絕。一九七八年四月又在日內瓦召開了第二次代表大會，會期四天，出席代表包括歐美、印度、巴基斯坦等二十七國的一百多位代表。一九八一年五月十七日，第三次代表大會在德國的格廷根舉行，來自三十二個國家的大約三百名吉普賽人代表提出了一個重大決議，要求建立一個吉普賽人的世界統一組織。前西德社會民主黨主席勃蘭特祝賀這次大會的召開。

對吉普賽民族而言，內在的凝聚力也許是與外在的壓力成正比的，外在的壓迫愈是強大，吉普賽群體愈是團結，愈是具有無畏的抗爭精神。數百年的種族迫害無法從世界上抹去吉普賽的名字，反而使他們在磨難中日益堅強和團結起來。吉普賽人不再是單槍匹馬地與惡勢力對抗，不再是忍氣吞聲地妥協和默認，而是以組織的形式去爭取民族的主權。一九八〇年六月，芬蘭的「羅姆文化中心」召開大會，制定了《羅姆政治文化綱領草案》，呼籲各國政府和各界人士傾聽吉普賽人的聲音，讓現在靠人工呼吸維持的吉普賽文化復興起來，以完整和獨立的形象步入人類文化的廣濶舞台。

流浪：智慧的戀曲

流浪是吉普賽民族文化的智慧標識，離開了這種獨特的生活方式，吉普賽人就失去了存在的根據。數百年來，他們捍衛這種生活方式，引以為豪，實質上是為了守護民族文化卓爾不群的個性。形形色色的種族主義者鄙視和詆毀這種充滿智慧的

生活哲學，企圖用強制定居的方法迫使吉普賽人納入他們的生活軌跡，其用意無非是想同化這個孤立無援的民族。吉普賽民族的人生哲學是一種行走的哲學，任何阻擋都無法遏止他們對於自由的熱愛和嚮往。

在昔日的歐洲，除了吉普賽人以外，還有一些常見的成群結隊的城鄉遊民，例如：英國的「汀克人」（Tinker）、德國的「耶尼士人」（Yenish）、法國的「伏艾杰人」（Voyageur）、荷蘭和比利時的「克拉瑪人」（Kramer）等，他們也同樣漂泊鄉間市井，從事打鐵、雜耍等營生，人們常常把他們與吉普賽人混為一談。

其實，這完全是由於外族對吉普賽人的不了解造成的。這些歐洲社會的無業遊民，從點點滴滴的生活細節到更高層次的生存信念，都與吉普賽人存在著諸多不同。最為根本的一點是，流浪對於他們來說，並不是生存哲學和智慧的核心，而只是一種暫時性的生存手段；一旦有了定居的可能條件，他們就會自覺自願、心滿意足的居住下來。

吉普賽人只有在流浪的旅程中才會感受到生命的充實。許多歐美的吉普賽人至今仍傳播訴說著一個美麗的童話故事：他們驕傲地宣稱自己的祖先是天空中自由飛翔的鳥，如今他們雖然已經失去翅膀，但他們仍然渴望飛翔。

據說，吉普賽人原先都有一對翅膀，不以勞動、也不以偷盜為生，整個鳥群飛到哪兒，就在哪兒覓食。冬天，草木凋零，他們就飛到遙遠的非洲，在熱帶雨林和草原裡生活；夏天，萬物復甦，枝繁葉茂，他們就飛回歐洲，盡情逍遙。長期居住在一個地方，他們會感到厭煩，於是就飛去另一個地方；在那兒住膩了，又飛得更遠了。

某年秋天，成群的吉普賽人正翱翔在歐洲上空。他們忍著

飢餓和乾渴的煎熬，已經飛行了許多天。黃昏時分，忽然看見下方出現了一望無際的肥沃田野。他們的領頭鳥用翅膀做了一個下降的信號，大家就迅速著地，開始啄食那沈甸甸的麥粒。

大家吃啊，吃啊！當天晚上都飛不動了，乾脆就留下來過夜。第二天早晨一醒過來，肚子又餓得叫開了，連忙又吃。可一吃飽，就動彈不了。就這樣，一頓又一頓，秋天轉瞬即逝，豐饒的田野變得一片蕭索。他們一個個吃得肥肥碩碩，步履蹣跚，那對矯健的翅膀早就退化了，再也飛不起來，只好在大地上奔走生活。然而，鳥兒的自由天性並沒有離他們遠去，他們用流浪代替飛翔，雲遊四方，無憂無慮，無牽無掛。

吉普賽老人在講述這個童話時，總喜歡對孩子們說：有一天，翅膀也許會重新回到我們的肩膀上，我們還能重回藍天，重溫舊夢。吉普賽人用這個故事告訴人們，流浪是他們智慧魅力的源泉。吉普賽人這個概念不僅是一種種族血緣的定義，而且是一種文化認同，其認同的基礎便是這種特定的本質性生活方式和智慧。吉普賽人的所有信念、才智和生活細節都是與流浪相聯繫的，他們的過去與未來、夢幻與現實、悲與喜，都是與流浪生活密不可分的。可以說，流浪造就了吉普賽人，吉普賽人因流浪而擁有了存在的意義。作為一種文化基因，流浪已經完全注入這個民族的血脈之中。

吉普賽人的流浪生活對想像力豐富的人們充滿誘惑力。數百年來，無數世界一流的藝術家和作家把自己的智慧和熱情傾注在吉普賽人身上，因為他們為吉普賽人的智慧所深深吸引。雨果的《巴黎聖母院》、普希金的《茨岡》等都是傳世名作，梅里美的中篇小說《卡門》以及比才據此改編的同名歌劇更是輩聲世界，偉大的音樂家李斯特、帕格尼尼、舒曼等都留下音樂史上表現吉普賽人的傑作。進入二十世紀，人們開始用現代

視覺形象來表達這個智慧而浪漫的民族，如墨西哥影片《葉塞尼亞》、印度影片《大篷車》、匈牙利影片《鋼鐵兩父子》等等。這些作品為吉普賽人的流浪生活抹上了一層絢麗的色彩，成為吉普賽智慧活生生的「廣告」。法國版畫家雅克‧卡洛曾創作了一幅名為《旅行的波希米亞人》版畫作品，詩人波特萊爾於一八五二年據此創作了一首同名詩歌——

目光炯炯的占卜民族
昨日已啟程，孩子
抱在懷裡，嘴裡
塞進下垂的乳房

馬車裡
蜷縮著痕傶的親人
男人們扛著閃亮的武器
緊緊相隨

他們向蒼天憂鬱地眺望
那些消逝的幻想
蟋蟀隱蔽在沙地裡
當大篷車碾過

蟲鳴此起彼伏
熱愛旅人的大地母親
在這群波希米亞人面前
鋪上綠茵

使岩石流出清泉
使荒野開放花朵
為他們打開
未來的世界

　　吉普賽人的浪漫生活是藝術大師筆下的不朽主題，也是外族社會某些離經叛道者心馳神往的歸宿。

　　歷史上，曾有一些貴族女子甘願拋棄優裕的定居生活，主動加入吉普賽部落，隱名埋姓，淡泊超脫，漂流各地。近幾十年來，歐美社會也有一些青年反叛主流文化，倡導「波希米亞生活方式」，過著流浪生活，藉此尋回生活的真諦和本來的我。這些青年並不加盟吉普賽部落，只是吉普賽人的生活智慧吸引了他們，吉普賽人對民族文化的捍衛姿態，對自我意識的高度張揚深深震撼了他們的心。

　　智慧的吉普賽人還將一如既往地生存下去。無論世界怎樣變遷，他們總會找到生存的全新立足點和制高點。斗轉星移，滄海桑田，歷史無法抹去吉普賽人永恆的智慧光芒。

　　也許吉普賽人的悲歌還將低低吟唱，但生命的戀曲和忠貞的誓言終將愈來愈高亢起來——智慧的民族終將因為苦難的磨礪而變得更加地茁壯、偉大了。

〈全書終〉

國家圖書館出版品預行編目資料

吉普賽的智慧／黎瑞剛著 -- 初版 --
新北市：新視野 New Vision，2019. 12
　　面；　公分--
　　ISBN 978-986-98077-7-7（平裝）
　　1. 吉普賽人　2. 文化　3. 民族性
536.91　　　　　　　　　　　　　108017872

吉普賽的智慧

黎瑞剛　著

主　　編　顧曉鳴
企　　劃　林郁工作室
出　　版　新視野 New Vision
責　　編　林郁、周向潮
　　　　　電話：（02）8666-5711
　　　　　傳真：（02）8666-5833
　　　　　E-mail：service@xcsbook.com.tw

印前作業　菩薩蠻數位文化有限公司
印刷作業　福霖印刷有限公司

總 經 銷　聯合發行股份有限公司
　　　　　新北市新店區寶橋路 235 巷 6 弄 6 號 2F
　　　　　電話 02-2917-8022
　　　　　傳真 02-2915-6275

初版一刷　2019 年 12 月